# CONFERENCE

## DE

## MONSIEUR LE BRUN

### PREMIER

## PEINTRE DU ROY

### DE FRANCE,

## CHANCELIER ET DIRECTEUR

### DE L'ACADEMIE

## DE PEINTURE ET SCULPTURE.

*Sur l'Expreßion generale & particuliere.*

Enrichie de Figures gravées par B. Picart

## A AMSTERDAM,

Chez J. L. De Lorme, fur le Rokin.

### ET A PARIS,

Chez E. Picart le Rom. ruë S. Jacques,
au Bufte de Monfeigneur.

## M. DC. XCVIII.

# ERRATA.

Page 13. ligne 12. se formeront, *lisez* & former.
17 ——— 6. le vouloir, *lisez* se vouloir.
17 ——— 12. par les esprits qui viennent,
*lisez* que les esprits viennent.
23 ——— 9. quelque chose, *lisez* peu de
chose.
28 ——— 2. la lévre de dessus excede celle
de dessous, *lisez* la lévre de
dessous excede celle de dessus.
39 ——— 12 & pressera celle de devant,
*lisez* & se poussera en avant.

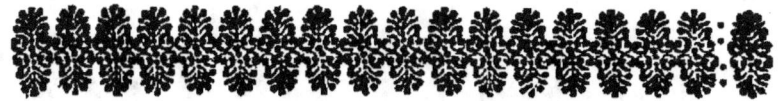

# LE LIBRAIRE

## AU

# LECTEUR.

COmme la connoiſſance de l'homme ſuppoſe neceſſairement celle des Paſſions, qui ſont le grand reſſort des mouvemens du Cœur & de toutes nos actions, on s'eſt appliqué de tout tems à en étudier la nature & les effets. Les Philoſophes en ont traitté pour apprendre à les ſoûmettre à la raiſon, & les Medecins pour remedier aux maladies qu'elles cauſent, & qui alterent la conſtitution du Corps humain: mais perſonne ne s'étoit aviſé ci-devant d'en faire une étude particuliere par raport à la Peinture, qui doit exprimer tous ces mouvemens qui ſe manifeſtent au dehors. Monſieur Le Brun ſi connu par ſes excellens Ouvrages, s'eſt propoſé d'en faire un Traité par raport à ſon Art, qui n'étant compoſé que de ſimples traits, doit néanmoins exprimer la diverſité de ces mouvemens. L'Auteur, aprés avoir expliqué en peu de mots les opinions des ſçavans ſur la nature & le ſiege des Paſſions, s'attache particulierement à décrire les differens effets qu'elles produiſent ſur les parties exterieures; ce qu'il démontre par un grand nombre de figures qu'il a deſſinées lui-même, & qui expriment ce qu'il dit de chaque Paſſion en particulier.

Il auroit donné cet Ouvrage au public ſi la mort ne

ne l'avoit prévenu; cependant le public n'en a pas
été entierement privé, puis que divers particuliers
l'ont en Manuscrit; mais comme il s'y est glissé
quantité de fautes, & que ceux qui ont le Discours,
n'ont pas les figures, qui sont en partie dans le Ca-
binet du Roy, & en partie dispersées en divers
lieux, on a crû que ceux qui aiment la Peinture,
& qui connoissent le prix des Ouvrages d'un si ex-
cellent homme, recevroient favorablement le Ré-
cueil qu'on leur donne aujourd'hui. Ils peuvent
s'assurer que toutes les planches ont été gravées sur
les Originaux de Mr. Le Brun, ou sur de trés
belles Copies; & par cette raison on a mieux aimé
en laisser plusieurs peu terminées, que d'y ajoûter
quelque chose qui ne fût pas de lui.

Au reste il est à propos de faire remarquer, qu'on
a donné plusieurs traits differens d'un même ca-
ractere de Passion, comme du Mépris, de la
Frayeur, du Ris &c, afin de représenter sous divers aspects les mêmes mouvemens. Il y en a aussi
d'autres qui sont composez de plusieurs passions
comme l'étonnement avec frayeur, la colere mêlée
de crainte &c. Ces sortes de figures sont sans discours particulier, & servent simplement d'exemple pour faire voir de quelle maniere ces passions se
mêlent ensemble & se doivent exprimer.

Mr. Le Brun a fait aussi un Traité de la Phisionomie; mais comme il ne m'est pas encore par-
venu dans une assez grande perfection je me con-
tenterai d'en donner le Discours en abregé, en at-
tendant que je puisse le produire tel qu'il a été pro-
noncé dans l'Academie, & accompagné de figures.
Ce petit Echantillon ne laissera pas d'estre utile à
plusieurs; Il fera juger au moins de la piece en-
tiere, & souhaiter de l'avoir plus complete.

# CONFERENCE
## TENUE
## EN L'ACADEMIE ROYALE
### DE
## PEINTURE ET SCULPTURE

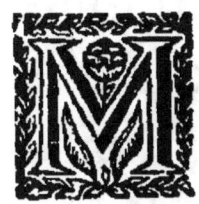ESSIEURS,

Dans l'Assemblée derniere
vous approuvâtes le dessein
que je pris de vous entretenir

é

de l'Expreſſion. Il eſt donc neceſſaire avant toutes choſes de
ſçavoir en quoi elle conſiſte.

L'Expreſſion, à mon avis,
eſt une naïve & naturelle reſ-
ſemblance des choſes que l'on
a à repreſenter : Elle eſt neceſſaire & entre dans toutes les
parties de la Peinture, & un
Tableau ne ſçauroit être parfait ſans l'Expreſſion ; c'eſt elle
qui marque les veritables cara-
cteres de chaque choſe ; c'eſt
par elle que l'on diſtingue la
nature des corps ; que des figures ſemblent avoir du mouvement, & tout ce qui eſt feint
paroît être vrai.

Elle eſt auſſi bien dans la
couleur que dans le deſſein ;

elle doit encore être dans la repreſentation des païſages, & dans l'aſſemblage des figures.

C'eſt, MESSIEURS, ce que j'ai tâché de vous faire re-marquer dans les Conferences paſſées ; aujourd'hui j'eſſaierai de vous faire voir que l'Expreſ-ſion eſt auſſi une partie qui marque les mouvemens de l'Ame, ce qui rend viſible les effets de la paſſion.

Il y a tant de perſonnes ſça-vantes qui ont traité des paſ-ſions, que l'on n'en peut dire que ce qu'ils en ont déja écrit : Auſſi je ne rapporterois pas leur opinion ſur cette matiere, n'étoit que pour mieux faire comprendre ce qui concerne nôtre Art, il me femble qu'il eft neceffaire d'en toucher quelque chofe en faveur des jeunes Etudiâns en Peinture; ce que je tâcherai de faire voir le plus briévement que je pourrai.

Premierement, la paffion eft un mouvement de l'Ame, qui refide en la partie fenfitive, lequel fe fait pour fuivre ce que l'Ame penfe lui être bon, ou pour fuir ce qu'elle penfe lui être mauvais; & d'ordinaire tout ce qui caufe à l'Ame de la paffion, fait faire au corps quelque action.

Comme il eft donc vrai que la plus grande partie des paffions de l'Ame produifent des actions corporelles, il est necessaire que nous sçachions quelles sont les actions du corps qui expriment les passions, & ce que c'est qu'action.

L'action n'est autre chose que le mouvement de quelque partie, & le changement ne se fait que par le changement des muscles, les muscles n'ont de mouvement que par l'extremité des nerfs qui passent au travers, les nerfs n'agissent que par les esprits qui sont contenus par les cavités du cerveau, & le cerveau ne reçoit les esprits que du sang, qui passe continuellement par le cœur, qui l'échaufe & le rarefie, de telle sorte qu'il produit un certain air ſubtil qui ſe porte au cerveau, & qui le remplit.

Le cerveau ainſi rempli ren-voie de ces eſprits aux autres parties par les nerfs qui ſont comme autant de petits filets ou tuiaux qui portent ces eſ-prits dans les muſcles, plus ou moins, ſelon qu'ils en ont be-ſoin pour faire l'action à la-quelle ils ſont appellés.

Ainſi celui qui agit le plus, reçoit le plus d'eſprits, & par conſequent devient plus enflé que les autres qui en ſont pri-vés, & qui par cette privation paroiſſent plus lâches & plus retirés que les autres.

Quoique l'Ame ſoit jointe à toutes les parties du corps,

il y a neanmoins diverses opinions touchant le lieu où elle
exerce plus particulierement
ses fonctions.

Les uns tiennent que c'est
une petite glande qui est au
milieu du cerveau, parce que
cette partie est unique, & que
toutes les autres sont doubles ;
& comme nous avons deux
yeux & deux oreilles, & que
tous les organes de nos sens
exterieurs sont doubles, il faut
qu'il y ait quelque lieu où les
deux images qui viennent par
les deux yeux, ou les deux impressions qui viennent d'un
seul objet par les deux organes
des autres sens, se puissent
assembler en une avant qu'elle

parvienne à l'Ame, afin qu'elle ne lui repreſente pas deux objets au lieu d'un.

D'autres diſent que c'eſt au cœur, parce que c'eſt en cette partie que l'on reſſent les paſſions ; & pour moi, c'eſt mon opinion que l'Ame reçoit les impreſſions des paſſions dans le cerveau, & qu'elle en reſſent les effets au cœur. Les mouvemens exterieurs que j'ai remarquez, me confirment beaucoup dans cette opinion.

Les anciens Philoſophes aiant donné deux appetits à la partie ſenſitive de l'Ame, dans l'appetit concupiſcible logent les paſſions ſimples, & dans l'appetit iraſcible les plus farouches, & celles qui font compofées; car ils veulent que l'amour, la haine, le defir, la joie & la triftefle foient enfermés dans le premier; & que la crainte, la hardieffe, l'efperance, le defefpoir, la colere & la peur refident dans l'autre : D'autres ajoûtent l'admiration qu'ils mettent comme la premiere, enfuite l'amour, la haine, le defir, la joie & la triftefle, & de celles-ci font dérivées les autres qui font compofées, comme la crainte, la hardieffe, l'efperance.

Il ne fera donc pas hors de propos de dire quelque chofe de la nature de ces paffions pour les mieux connoître, avant que de parler de leurs mouvemens exterieurs. Nous commencerons par l'Admiration.

L'Admiration eſt une ſurpriſe qui fait que l'Ame conſidere avec attention les objets qui lui ſemblent rares & extraordinaires, & cette ſurpriſe a tant de pouvoir qu'elle pouſſe quelquefois les eſprits vers le lieu où eſt l'impreſſion de l'objet, & fait qu'elle eſt tellement occupée à conſiderer cette impreſſion, qu'il ne reſte plus d'eſprits qui paſſent dans les muſcles ; ce qui fait que le corps devient immobile comme une ſtatuë, & cet excés d'admiration cauſe l'étonnement, & l'étonnement peut arriver avant que nous connoiſſions ſi cet objet nous eſt convenable, ou s'il ne l'eſt pas.

De ſorte qu'il ſemble que l'Admiration eſt jointe à l'eſtime ou au mépris, ſelon la grandeur d'un objet, ou ſa petiteſſe : & de l'eſtime vient la veneration, & du ſimple mépris le dédain.

Mais lorſqu'une choſe nous eſt repreſentée comme bonne à nôtre égard, cela nous fait avoir pour elle de l'amour ; & lorſqu'elle nous eſt repreſentée comme mauvaiſe ou nuiſible, cela nous excite la haine.

L'AMOUR eſt donc une

émotion de l'Ame caufée par des mouvemens qui l'incitent à fe joindre de volonté aux objets qui lui paroiffent convenables.

LA HAINE eft une émotion caufée par les efprits qui incitent l'Ame à vouloir être feparée des objets qui fe prefentent à elle comme nuifibles.

LE DESIR eft une agitation de l'Ame caufée par les efprits qui la difpofent à vouloir des chofes qu'elle fe reprefente lui être convenables; ainfi on ne defire pas feulement la prefence du bien abfent, mais auffi la confervation du prefent.

LA JOIE eft une agreable

émotion de l'Ame en laquelle confiste la joüiffance qu'elle a du bien que les impreffions du cerveau lui reprefentent comme fien.

LA TRISTESSE eft une langueur defagreable en laquelle confifte l'incommodité que l'Ame reçoit du mal ou du défaut que les impreffions du cerveau lui reprefentent.

## Les Paffions compofées.

LA CRAINTE eft l'apprehenfion du mal à venir, laquelle devance les maux dont nous fommes menacez.

L'ESPERANCE eft une forte apparence ou opinion d'obtenir ce que l'on defire.

Lorſque l'eſperance eſt extrême, elle devient ſeureté ; mais au contraire l'extrême crainte devient deſeſpoir.

LE DESESPOIR eſt l'opinion de ne pouvoir obtenir ce que nous deſirons, & fait que nous perdons même ce que nous poſſedons.

LA HARDIESSE eſt un mouvement de l'appetit par lequel l'Ame s'éleve contre le mal, afin de le combattre.

LA COLERE eſt une agitation turbulente que la douleur & la hardieſſe excitent dans l'appetit, par laquelle l'Ame ſe retire en elle-même pour s'éloigner de l'injure receuë, & s'éleve en même temps contre la caufe qui lui fait l'injure, afin de s'en vanger.

Il y en a plufieurs autres que je ne nommerai ici, me contentant feulement de vous en faire voir quelque figure.

Mais auparavant nous dirons quels font les mouvemens du fang & des efprits, qui caufent les paffions fimples.

On remarque que l'Admiration ne caufe aucun changement dans le cœur, ni dans le fang, ainfi que les autres paffions, dont la raifon eft, que n'aiant pas le bien ni le mal pour objet, mais feulement de connoître la chofe qu'on admire, elle n'a point de rapport avec le cœur ni le fang, defquels dépendent tous les biens du corps.

L'Amour quand il eſt ſeul, c'eſt-à-dire quand il n'eſt point accompagné d'aucune forte joie, ni deſir ou triſteſſe, le battement du poulx eſt égal, & beaucoup plus grand & plus fort que de coûtume. On ſent une douce chaleur dans la poitrine, & la digeſtion des viandes ſe fait doucement dans l'eſtomach ; en ſorte que cette paſſion eſt utile pour la ſanté.

On remarque au contraire dans la Haine, que le poulx eſt inégal & plus petit, & ſouvent plus vîte qu'à l'ordinaire : on ſent des chaleurs entremêlées de je ne ſçai quelles ardeurs âpres

âpres & piquantes dans la poitrine, & que l'eſtomach ceſſe
de faire ſes fonctions.

En la Joie, le poulx eſt égal
& plus vîte qu'à l'ordinaire,
mais il n'eſt pas ſi fort, ni ſi
grand qu'en l'Amour ; & l'on
ſent une chaleur agreable, qui
n'eſt pas ſeulement en la poitrine, mais qui ſe répand auſſi
dans toutes les parties exterieures du corps.

En la Triſteſſe, le poulx eſt
foible & lent, & on ſent comme des liens autour du cœur,
qui le ſerrent, & des glaçons
qui le gelent, & communi-
quent leur froideur au reſte du
corps.

Mais le Deſir a cela de particulier, qu'il agite le cœur plus violemment qu'aucune autre paſſion, & fournit au cerveau plus d'eſprits, leſquels paſſent de-là dans les muſcles, & rendent tous les ſens plus aigus, & toutes les parties du corps mobiles.

J'ai parlé de ces mouvemens interieurs, pour mieux faire comprendre enſuite le rapport qu'ils ont avec les exterieurs: Je dirai maintenant quelles ſont les parties du corps qui ſervent à exprimer les paſſions au dehors.

Comme nous avons dit que l'Ame eſt jointe à toutes les parties du corps, & qu'elle peut ſervir à les exprimer: Car la Peur peut s'exprimer par un homme qui court, & qui s'enfuit.

La Colere par un homme qui ferme les poings, & qui femble frapper quelqu'un.

Mais s'il eft vrai qu'il y ait une partie où l'Ame exerce plus immediatement fes fonctions, & que cette partie foit celle du cerveau, nous pouvons dire de même que le vifage eft la partie du corps où elle fait voir plus particulierement ce qu'elle reffent.

Et comme nous avons dit que la glande qui eft au milieu du cerveau, eft le lieu où l'Ame reçoit les images des paffions, le fourcil eft la partie de tout le viſage où les paſſions ſe font mieux connoître, quoique pluſieurs aient penſé que ce ſoit dans les yeux. Il eſt vrai que la prunelle par ſon feu & ſon mouvement fait bien voir l'agitation de l'Ame, mais elle ne fait pas connoître de quelle nature eſt cette agitation. La bouche & le nez ont beaucoup de part à l'expreſſion , mais pour l'ordinaire ces parties ne ſervent qu'à ſuivre les mouvemens du cœur , comme nous le marquerons dans la ſuite de cét entretien.

Et comme il a été dit que l'Ame a deux appetits dans la partie ſenſitive, & que de ces deux appetits naiſſent toutes les paſſions,

Il y a auſſi deux mouvemens dans les ſourcils qui expriment tous les mouvemens des paſ-ſions.

Ces deux mouvemens que j'ai remarquez, ont un parfait rapport à ces deux appetits, car celui qui s'éleve en haut vers le cerveau, exprime toutes les paſ-ſions les plus farouches & les plus cruelles : Mais je vous dirai encore qu'il y a quelque choſe de plus particulier dans ces mouvemens , & qu'à pro-portion que ces paſſions chan-gent de nature , le mouvement du ſourcil change de forme ; ᴀ.car pour exprimer une paſſion ſimple , le mouvement eſt ſim-ᴮple, & ſi elle eſt compoſée, le mouvement eſt compoſé ; ſi la

3.c. paſſion eſt douce, le mouvement eſt doux, & ſi elle eſt ai-
D. gre, le mouvement l'eſt auſſi.

Mais il faut remarquer qu'il
y a deux ſortes d'élevations de
ſourcils.

4. E. Qu'il y en a une où le ſourcil
s'éleve par ſon milieu, & cette
élevation exprime des mouvemens agreables.

5. F. Il y a à obſerver que lorſque
6. G. le ſourcil s'éleve par ſon milieu, la bouche s'éleve par les
7. H. côtés, & à la triſteſſe elle s'é-
leve par le milieu.

8. 2. Mais lorſque le ſourcil s'a-
baiſſe par le milieu, ce mouvement marque une douleur corporelle, & alors fait un con-

traire effet, car elle s'abaiſſe
par les côtés.

L Dans le Ris, toutes les parties
ſe ſuivent, car les ſourcils qui
s'abaiſſent vers le milieu du
front, font que le nez, la bouche & les yeux ſuivent le même mouvement.

M Dans le Pleurer, les mouvemens ſont compoſés & con-
traires, car le ſourcil s'abaiſ-
fera du côté du nez & des
yeux, & la bouche s'élevera de
N ce côté-là. Il y a encore une
obſervation à faire, qui eſt que
O lorſque le cœur eſt abattu, toutes les parties du viſage le ſont
auſſi.

P Mais au contraire ſi le cœur
reſſent quelque paſſion, ou s'il

s'échauffe & se roidit, toutes les parties du visage tiennent de ce mouvement, & particulierement la bouche ; ce qui prouve, comme j'ay déja dit, que c'est la partie qui de tout le visage marque plus particulierement les mouvemens du cœur. Car il est à observer que lorsqu'il se plaint, la bouche s'abaisse par les côtés ; & quand il est content, les coins de la

15.C. bouche s'élevent en haut ; & quand il a de l'aversion, la bouche se pousse en avant, & s'éleve par le milieu. C'est, MESSIEURS, ce que nous observerons sur ces simples traits que j'ai formés, pour vous faire concevoir ce que je dis.

L'ADMI-

25

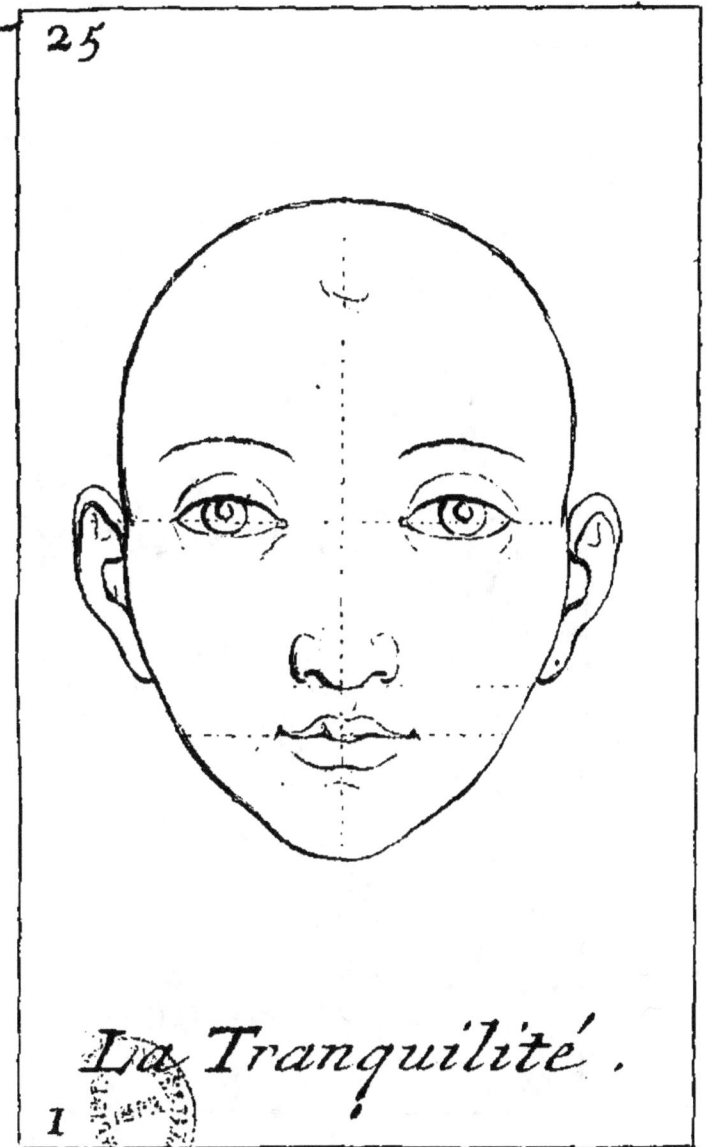

*La Tranquilité.*

1

25

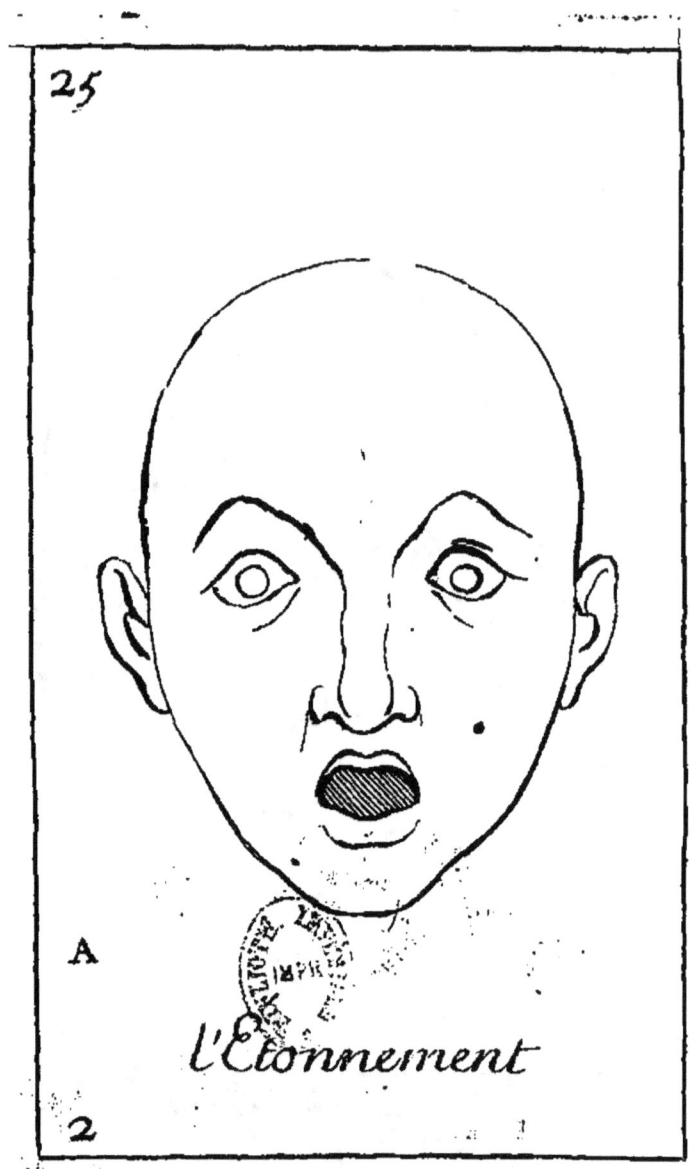

A

l'Etonnement

2

25

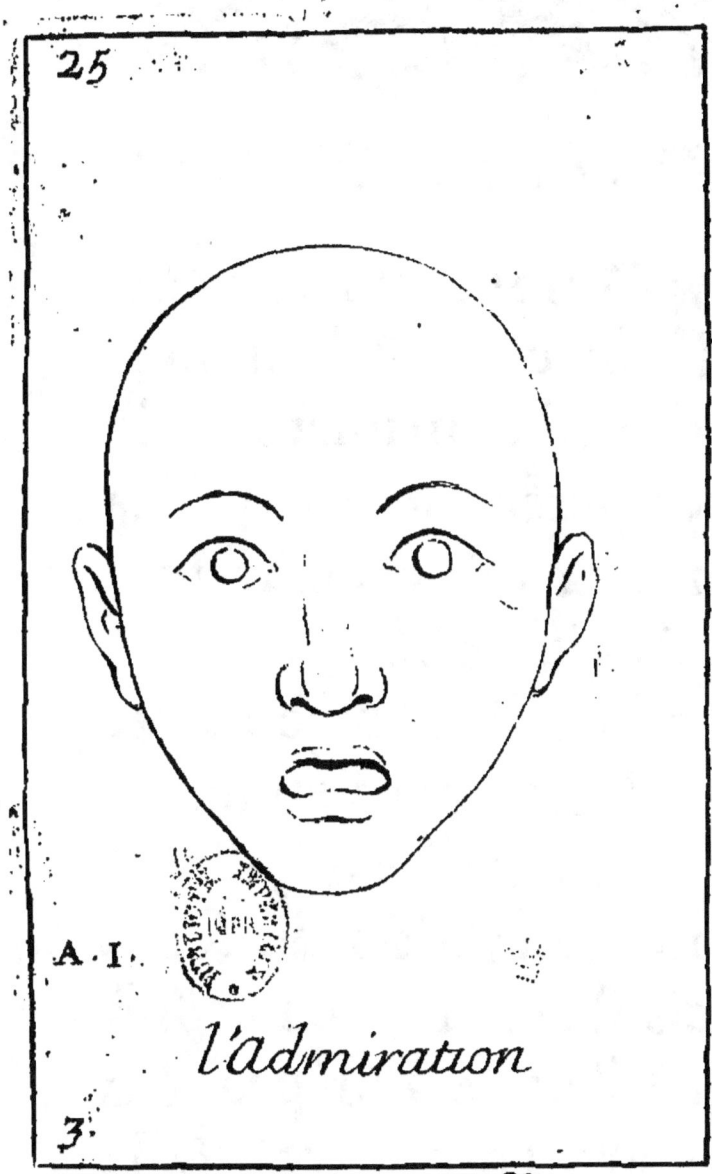

A. I.

*l'Admiration*

3.

# L'ADMIRATION.

COMME nous avons dit que l'Admiration est la premiere & la plus temperée de toutes les passions, & où le cœur sent moins d'agitation :

Le visage aussi reçoit fort peu de changement en toutes ses parties, & s'il y en a, il n'est que dans l'élevation du sourcil, mais il aura les deux côtés égaux, & l'œil sera un peu plus ouvert qu'à l'ordinaire, & la prunelle également entre les deux paupieres & sans mouvement, attachés fur l'objet qui aura causé l'admiration. La bouche fera auſſi entr'ouverte, mais elle paroîtra ſans aucune alteration, non plus que tout le reſte de toutes les autres parties du viſage. Cette paſſion ne produit qu'une ſuſpenſion de mouvement pour donner le temps à l'ame de déliberer ſur ce qu'elle a à faire, & pour conſiderer avec attention l'objet qui ſe preſente à elle ; car s'il eſt rare & extraordinaire, du premier & ſimple mouvement d'admiration s'engendre l'eſtime.

2

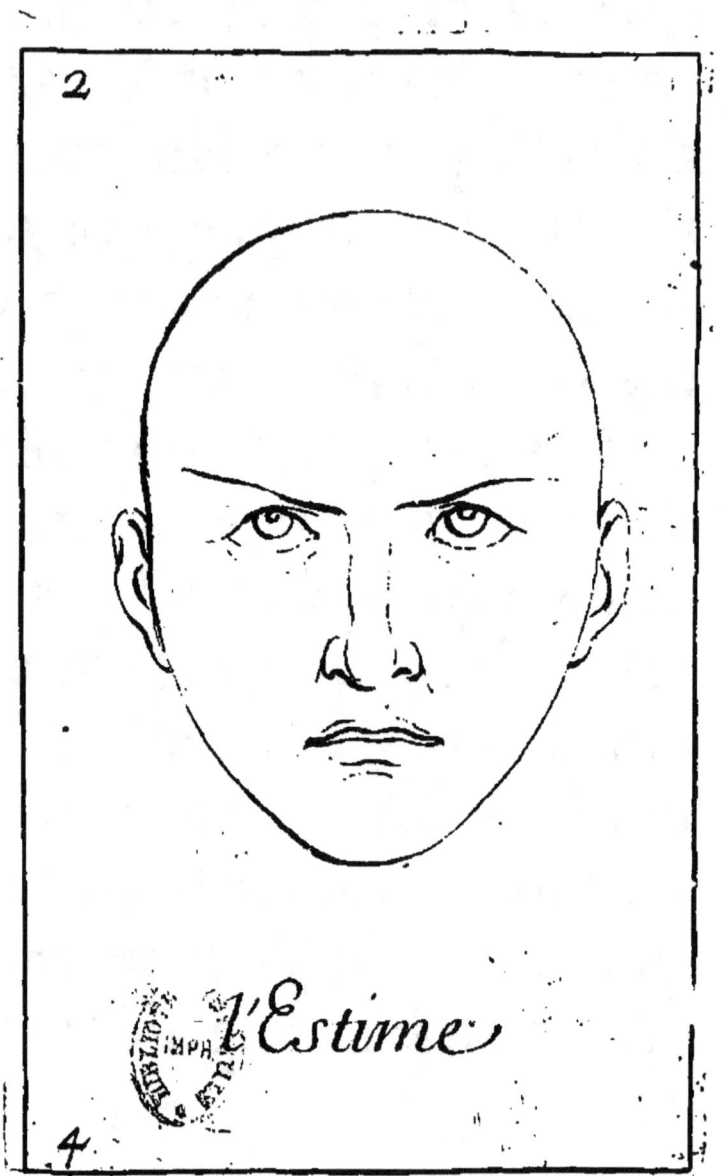

4

l'Estime

## L'ESTIME.

ET l'Estime ne se peut repréſenter que par l'attention & par le mouvement des parties du viſage, qui ſemblent être attachées ſur l'objet qui cauſe cette attention ; car alors les ſourcils paroîtront avancés ſur les yeux, & preſſés du côté du nez, l'autre partie étant un peu élevée, l'œil fort ouvert, & la prunelle élevée.

Les veines & muſcles du front paroîtront un peu enflés, & celles qui ſont autour des yeux, les narines tirant en bas, les jouës ſeront mediocrement en-

foncées à l'endroit des machoires.

La bouche un peu entr'ou-
verte, les coins tirans en arriere, & pendans en bas.

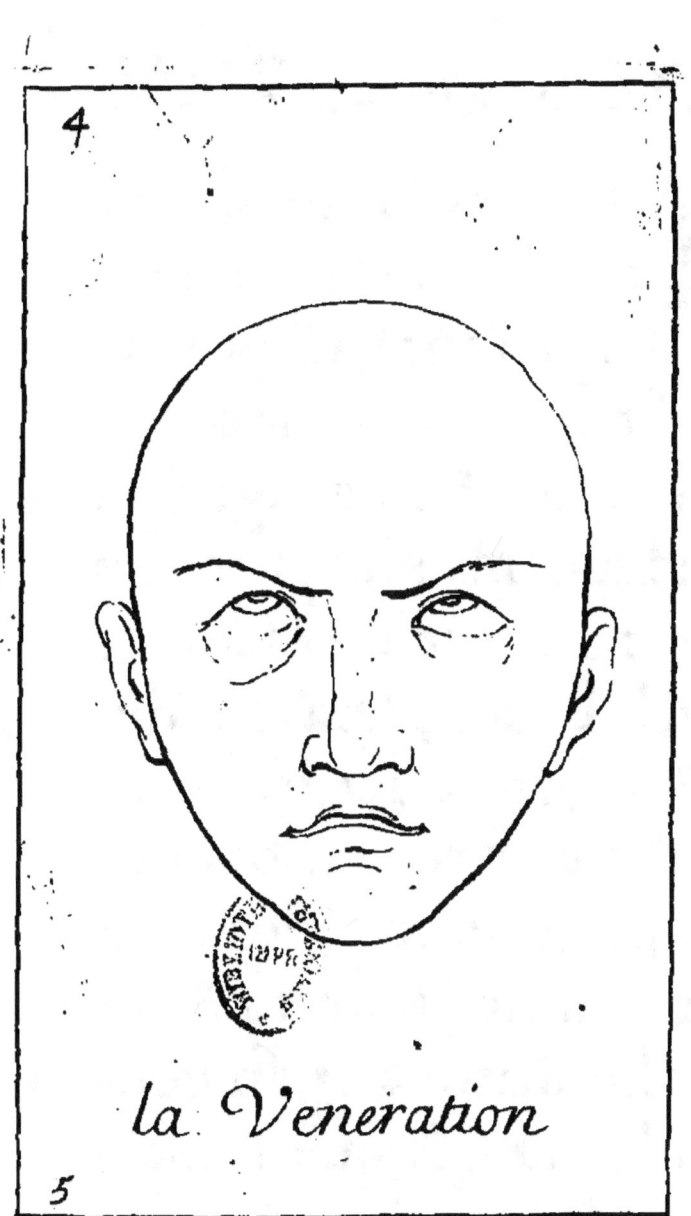

4

5

la Veneration

## LA VENERATION.

Ais si de l'Estime s'en-
gendre la Veneration,
les sourcils seront baissés en la
même situation que nous venons de dire, & le visage sera
aussi incliné, mais les prunelles
paroîtront plus élevées sous le
sourcil, la **bouche sera** entr'ouverte & les **coins** retirés, mais
un peu plus tirés en bas que
dans la precedente action. Cet
abaissement des sourcils & de
la bouche marque la soûmis-
sion & le respect que l'ame a
pour un objet qu'elle croit au
dessus d'elle ; la prunelle éle-

vée femble marquer l'élevation
à l'objet qu'elle confidere, &
qu'elle connoît être digne de
veneration.

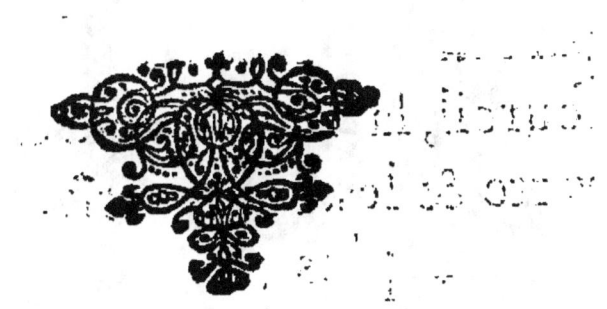

6

*Autre Veneration*

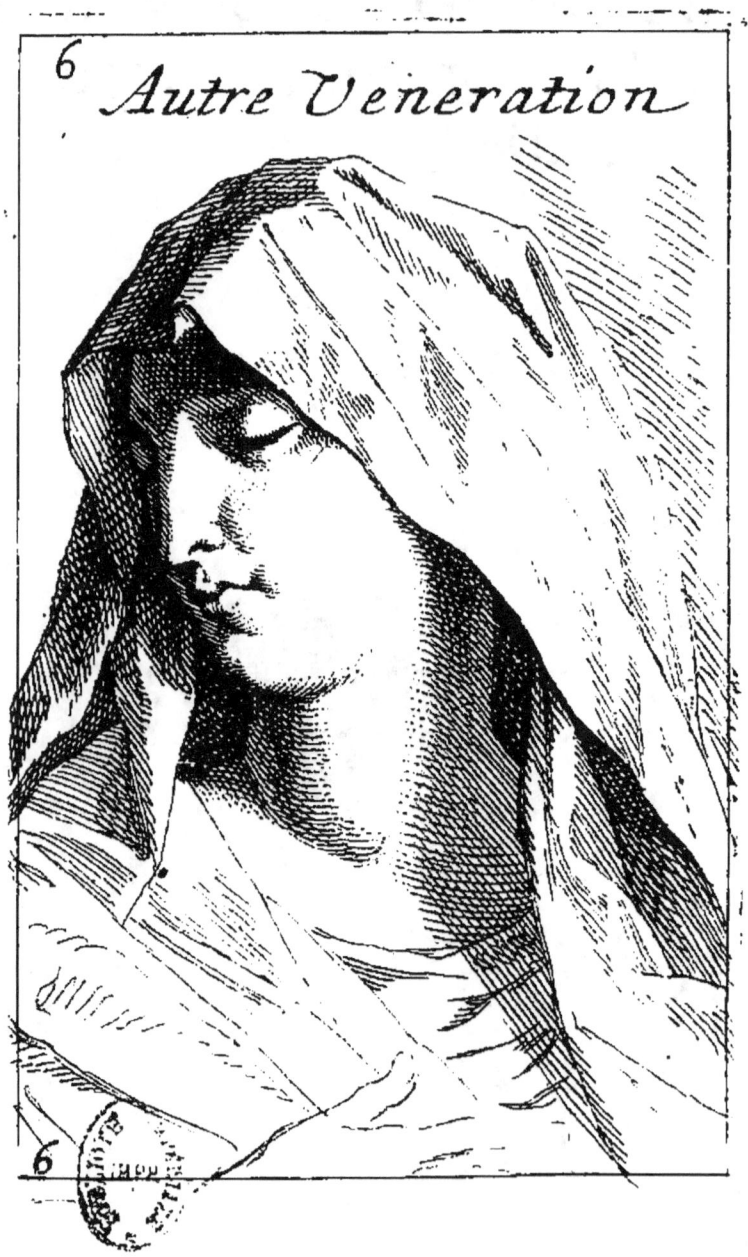

6

## Autre Veneration.

MAis fi la Veneration eft caufée par un objet pour lequel on doit avoir de la foi, alors toutes les parties du vifage feront abaiffées plus profondément que dans la premiere action ; les yeux & la bouche feront fermés, montrant par cette action, que les fens exterieurs n'y ont aucune part.

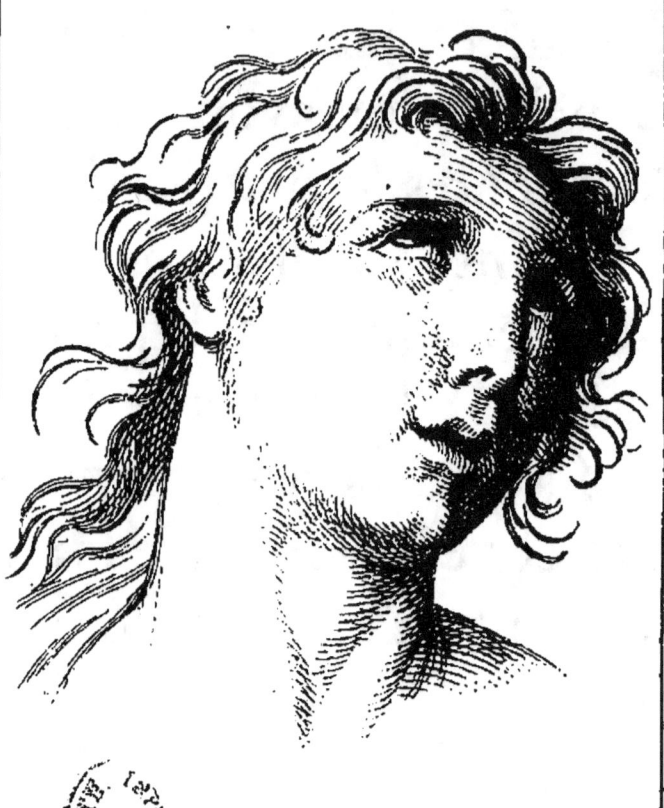

8

7

le Rauissemēt

# LE RAVISSEMENT.

Ais fi l'Admiration eft caufée par quelque objet qui foit au deffus de la connoiffance de l'ame , comme peut être la puiffance de Dieu & fa grandeur, alors les mouvemens d'Admiration & de Veneration feront differens des precedens, car la tête fera panchée du côté du cœur , & les fourcils élevés en haut, & la prunelle fera de même.

La tête panchée comme je viens de dire, femble marquer l'abaiffement de l'ame.

C'eft pour cela auffi que les yeux, ni les fourcils ne font

point attirés du côté de la glande, mais élevés vers le ciel, où
ils femblent être attachés pour
découvrir ce que l'ame ne peut
connoître. La bouche eft entr'ouverte, aiant les coins un
peu élevés, ce qui témoigne
une efpece de Raviffement. Si
au contraire de ce que nous
avons dit ci-deffus, l'objet qui
a caufé d'abord nôtre Admiration, n'a rien en lui qui merite
nôtre Eftime, ce peu d'eftime
caufera le Mépris, & le Mépris
s'exprime

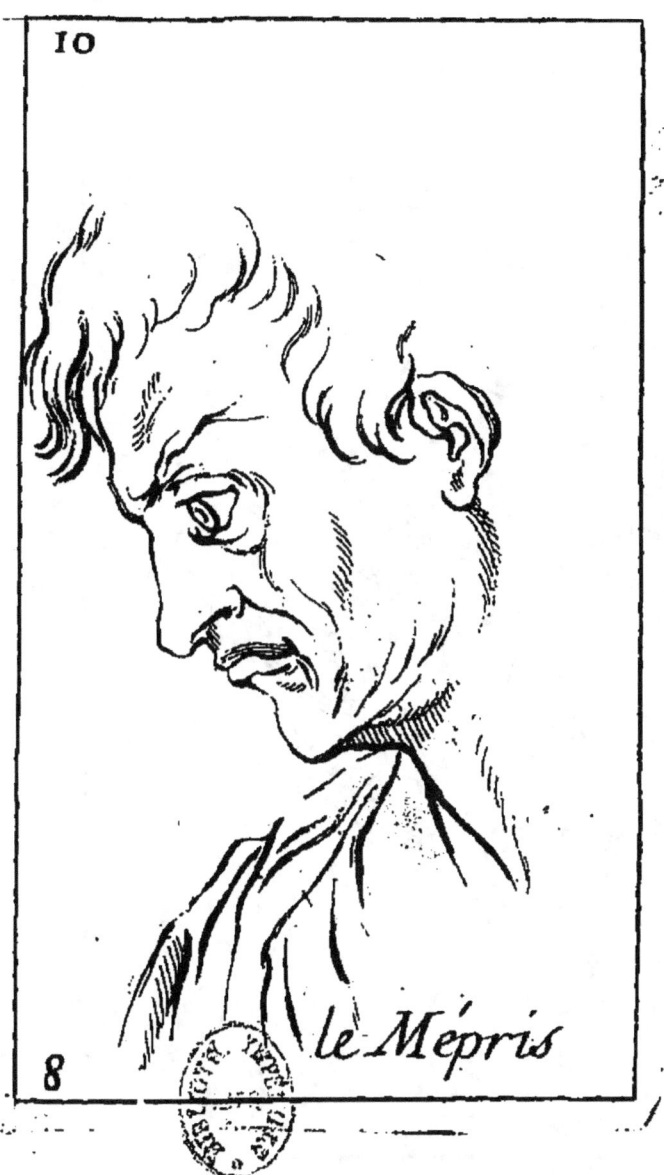

10

8

*le Mépris*

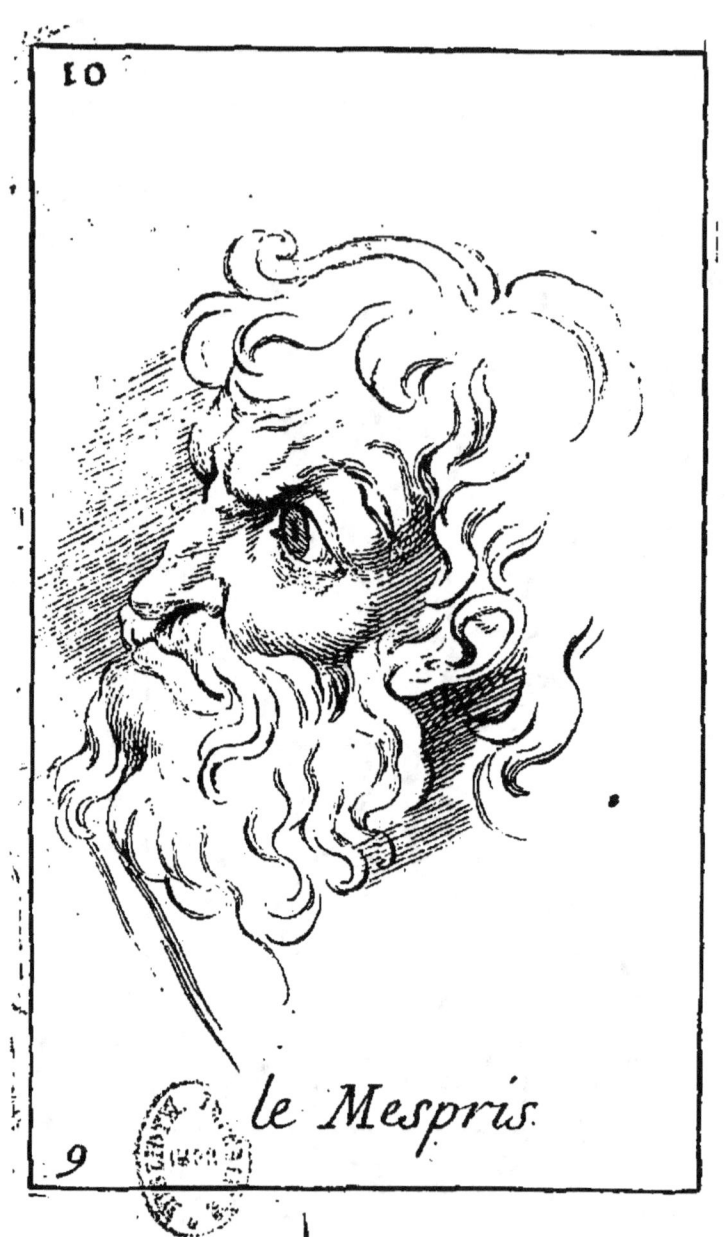

*le Mespris.*

9

# LE ME'PRIS.

PAr le fourcil froncé &
abaiſſé du côté du nez, &
de l'autre côté fort élevé, l'œil
fort ouvert, & la prunelle au
milieu, les narines retirées en
haut, la bouche fermée, & les
coins un peu abaiſſés, & la lévre de deſſous excedant celle
de deſſus.

12

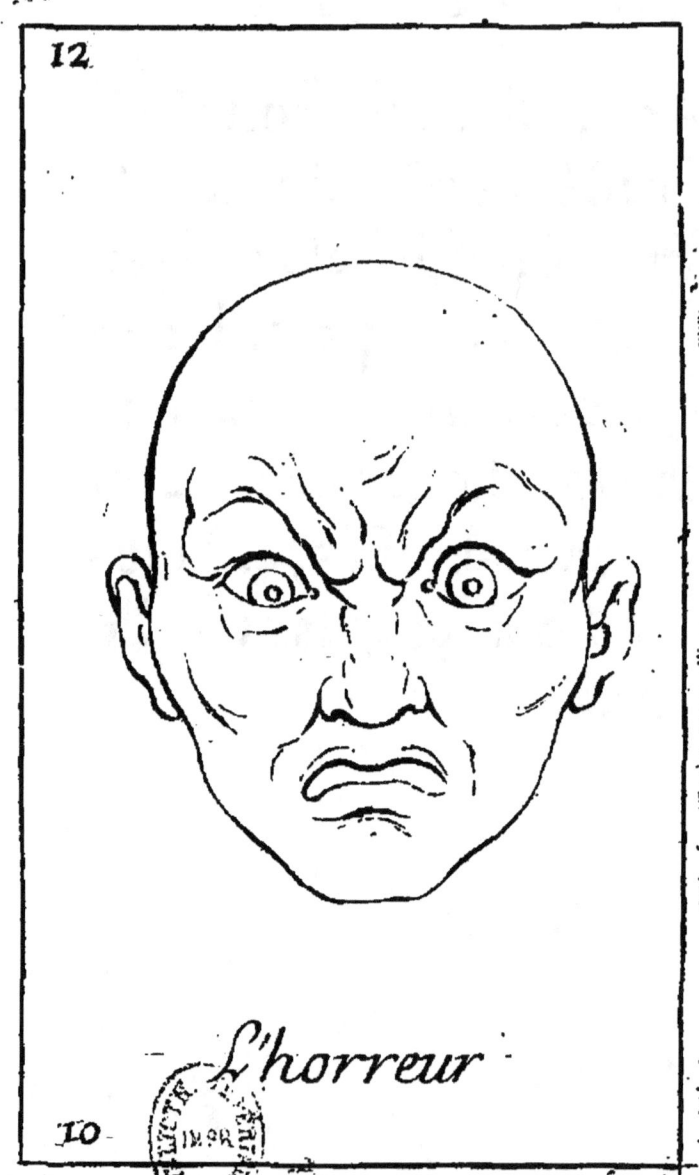

*L'horreur*

10

# L'HORREUR.

Mais si au lieu du mépris l'objet qu'on méprise, cause de l'horreur, le sourcil sera encore plus froncé que dans la premiere action, la prunelle au lieu d'être située au milieu de l'œil, sera située au bas, la bouche sera entr'ouverte, mais plus serrée par le milieu que par les coins qui doivent être comme retirés en arriere. Se formeront par cette action des plis aux joues, la couleur du visage sera pâle, & les lévres & les yeux un peu livides ; & cette action a de la ressemblance à la fraieur.

14

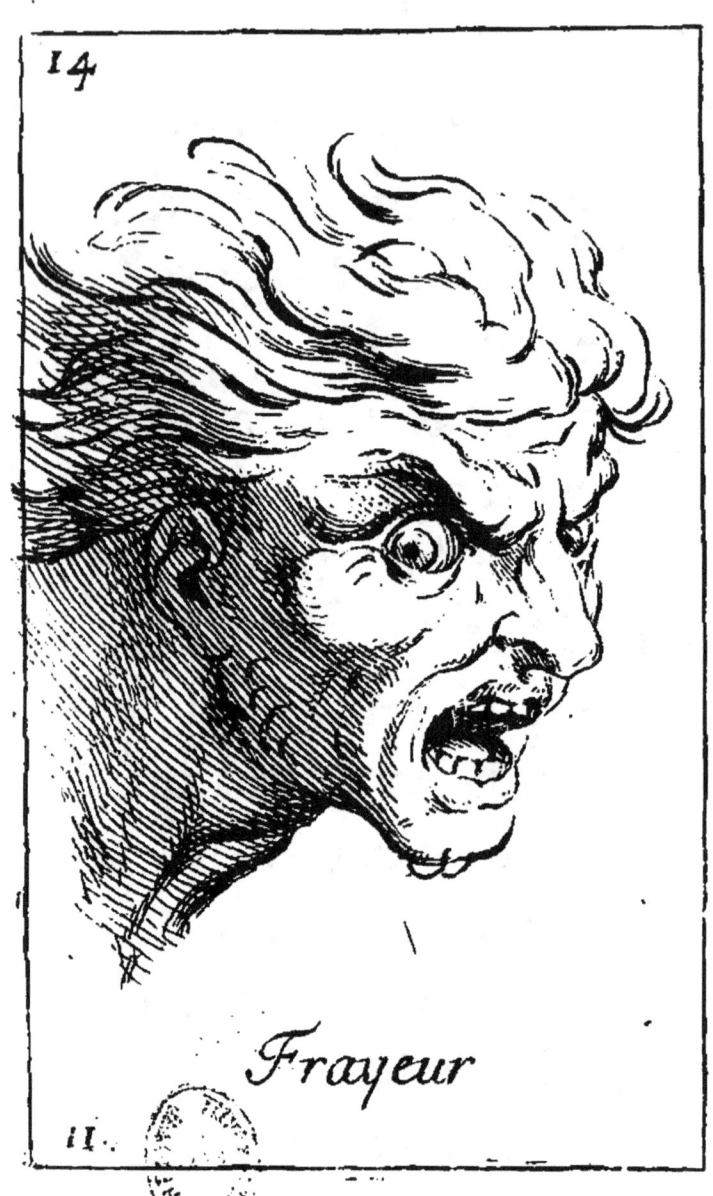

*Frayeur*

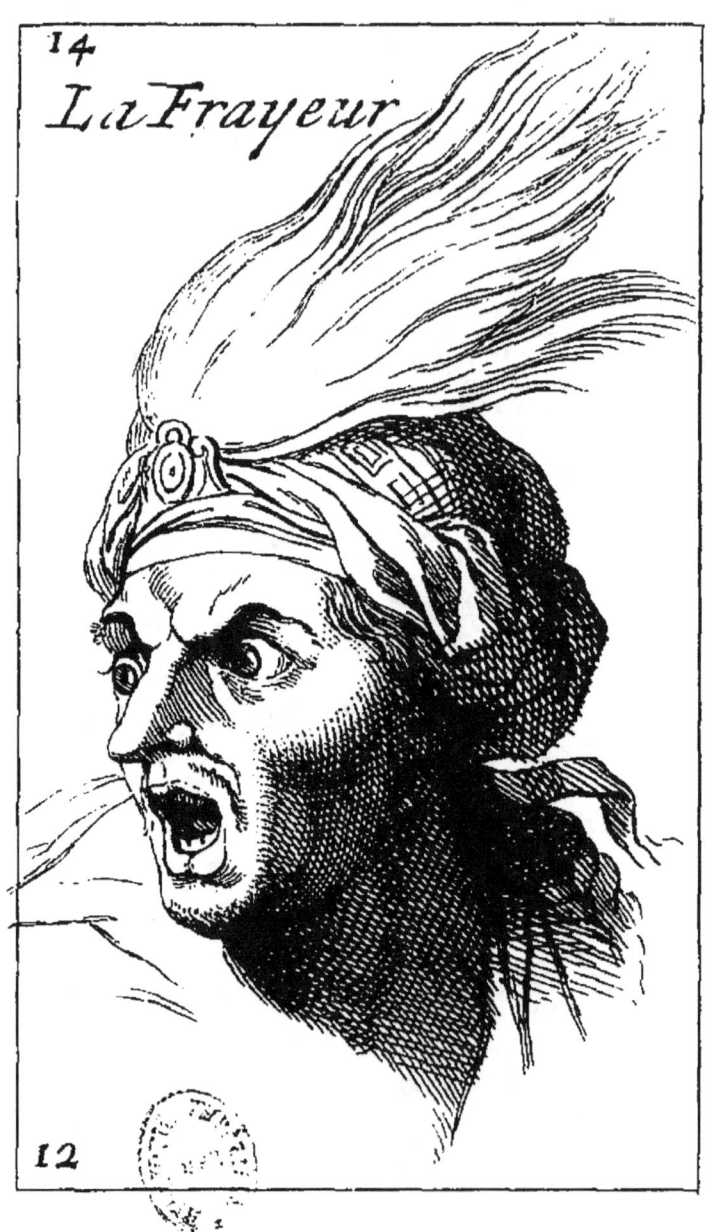

14

La Frayeur

12

## LA FRAYEUR.

LA Fraieur quand elle est excessive, fait que celui qui l'a receuë, a le sourcil fort élevé par le milieu, & les muscles qui servent au mouvement de ces parties, fort marqués & enflés, & pressés l'un contre l'autre, s'abaissant sur le nez qui doit paroître retiré en haut & les narines de même ; les yeux doivent paroître entierement ouverts, la paupiere de dessus cachée sous le sourcil, le blanc de l'œil doit être environné de rouge, la prunelle doit paroître comme égarée, situeé plus au bas de l'œil que

du côté d'en haut, le deſſous
de la paupiere doit paroître
enflé & livide, les muſcles du
nez & les mains auſſi enflés, les
muſcles des jouës extrémement
marqués & formés en pointe
de chaque côté des narines, la
bouche ſera fort ouverte, &
les coins ſeront fort apparens,
tout ſera beaucoup marqué,
tant à la partie du front qu'autour des yeux, les muſcles &
veines du col doivent être fort
tendus & apparens, les cheveux
heriſſés, la couleur du viſage
pâle & livide, comme le bout
du nez, les lévres, les oreilles,
& le tour des yeux.

Si les yeux paroiſſent extrémement ouverts en cette paſſion,

fion, c'eſt que l'ame s'en ſert
pour remarquer la nature de
l'objet qui cauſe la fraieur : le
ſourcil qui eſt abaiſſé d'un côté, & élevé de l'autre, fait voir
que la partie élevée ſemble le
vouloir joindre au cerveau
pour le garentir du mal que
l'ame apperçoit ; & le côté qui
eſt abaiſſé, & qui paroît enflé,
nous fait trouver dans cet état
par les eſprits qui viennent du
cerveau en abondance , comme pour couvrir l'ame , & la
défendre du mal qu'elle craint;
la bouche fort ouverte fait voir
le ſaiſiſſement du cœur, par le
ſang qui ſe retire vers lui , ce
qui l'oblige, voulant reſpirer,
à faire un effort qui eſt cauſe

que la bouche s'ouvre extrémement, & qui lorſqu'il paſſe par
les organes de la voix, forme
un ſon qui n'eſt point articulé;
que ſi les muſcles & les veines
paroiſſent enflés, ce n'eſt que
par les eſprits que le cerveau
envoie en ces parties-là.

Si toutes les paſſions prece-
dentes peuvent être excitées en
nous par des objets pour qui
nous aions de l'eſtime ou de
l'admiration,

L'Amour peut être auſſi, comme nous avons dit, lorſque la
choſe qui nous eſt repreſentée
bonne, l'eſt à nôtre égard, c'eſt-
à-dire comme nous étant convenable, cela nous fait avoir
pour elle de l'amour.

18

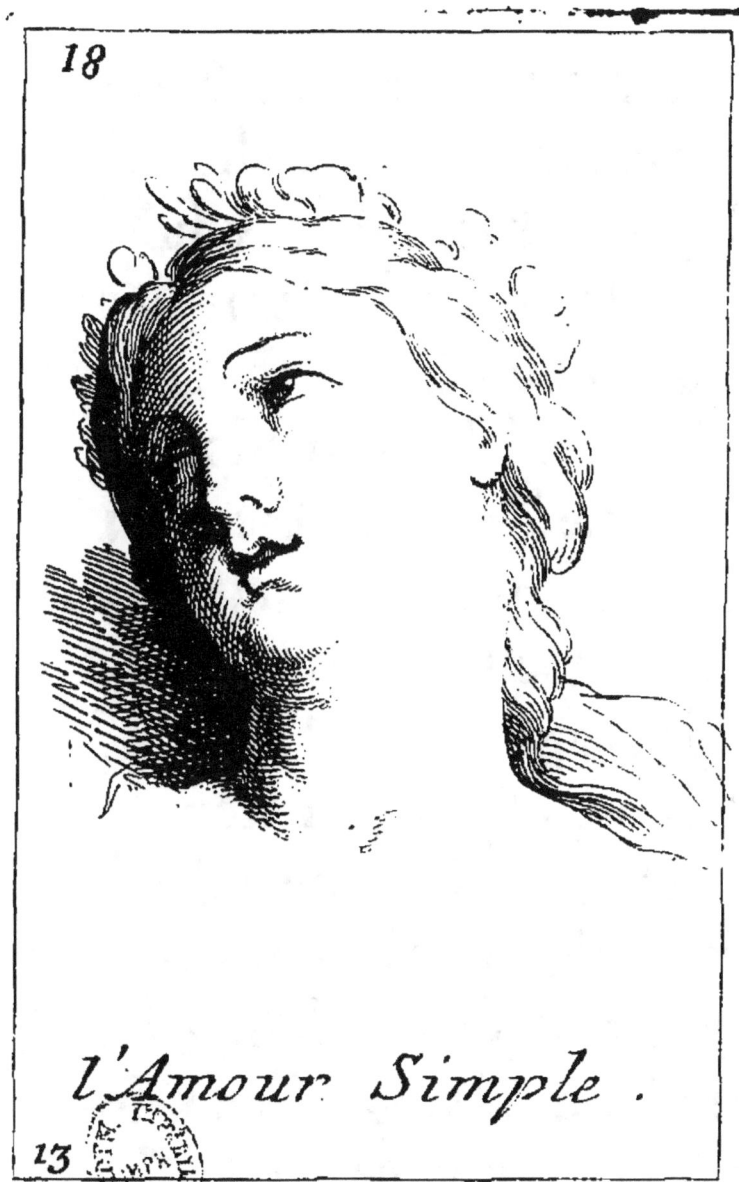

*l'Amour Simple .*

13

# 19

# L'AMOUR SIMPLE.

L Es mouvemens de cette passion, lors qu'elle est simple, sont fort doux & simples, car le front sera uni, les sourcils un peu élevés du côté que se trouve la prunelle, la tête inclinée vers l'objet qui cause de l'amour, les yeux peuvent être mediocrement ouverts, le blanc de l'œil fort vif & éclatant, la prunelle doucement tournée du côté où est l'objet, elle paroîtra un peu étincelante & élevée, le nez ne reçoit aucun changement, de même que toutes les parties du visage, qui étant seulement

remplies d'esprits qui l'échau-
fent, & qui l'animent, rendent
la couleur plus vive & plus ver-
meille, & particulierement à
l'endroit des joüës & des lévres ; la bouche doit être un
peu entr'ouverte, & les coins
un peu élevés, les lévres paroissent humides, & cette hu-
midité peut être causée de va-
peur qui s'éleve du cœur.

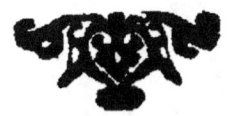

20

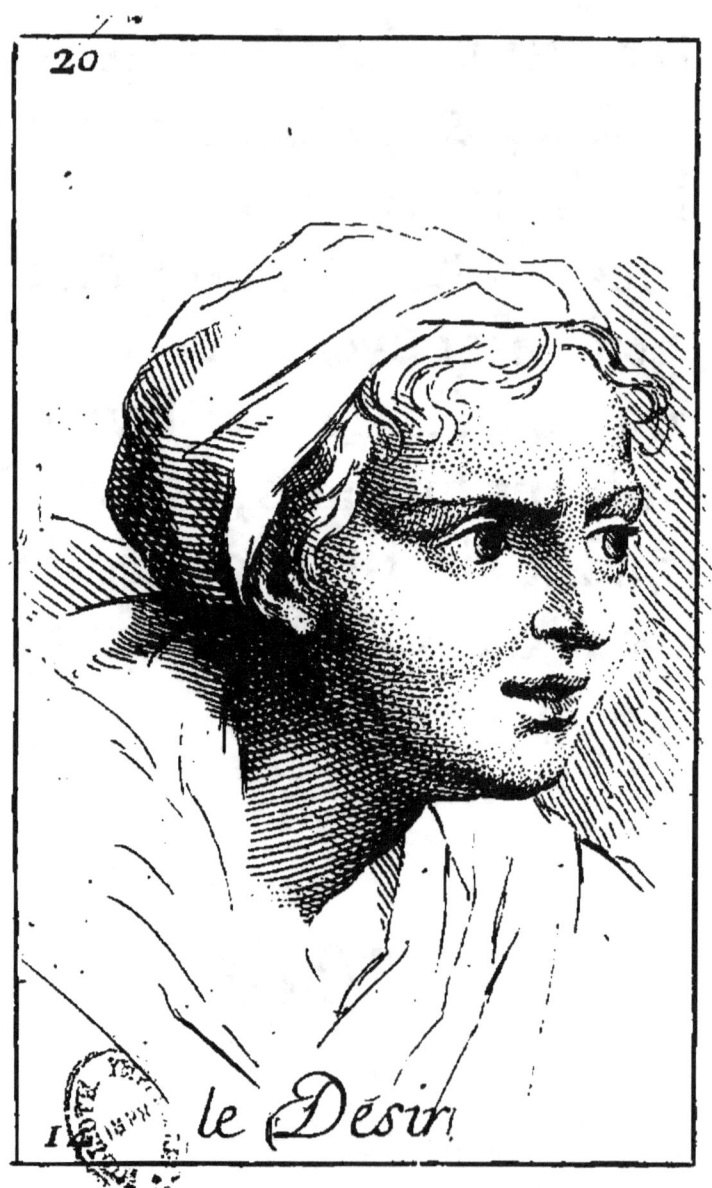

*le Désir*

# LE DESIR.

S'Il y a du defir, on peut le reprefenter par les fourcils preffés & avancés fur les yeux qui feront plus ouverts qu'à l'ordinaire, la prunelle fe trouvera fituée au milieu de l'œil, & pleine de feu, les narines plus ferrées du côté des yeux, la bouche eft auffi plus ouverte que dans la precedente action, les coins retirés en arriere, la langue peut paroître fur le bord des lévres, la couleur plus enflâmée que dans l'Amour; tous ces mouvemens faifant voir l'agitation de l'ame caufée par les efprits qui la difpo-

sent à vouloir un bien qu'elle
se represente lui être convenable.

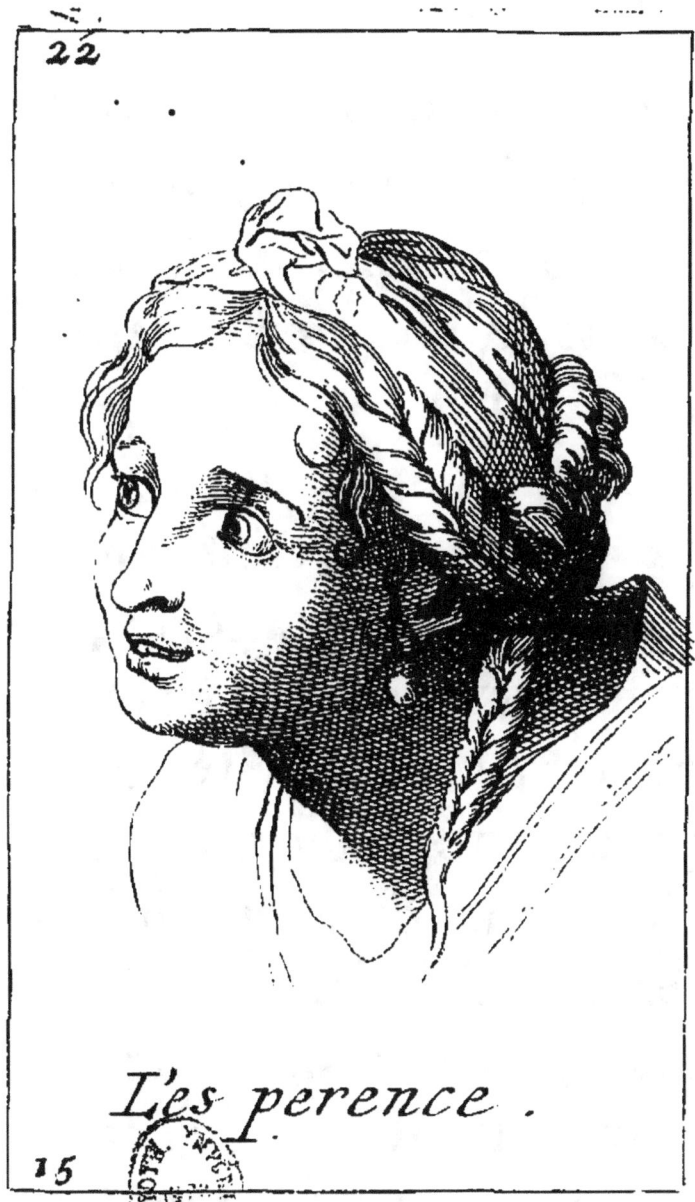

*L'es perence .*

# L'ESPERANCE.

LOrs que nous sommes portez à desirer un bien, & qu'il y a apparence de l'obtenir, alors le bien excite en nous l'Esperance.

Or comme les mouvemens de cette passion ne sont pas tant exterieurs qu'interieurs, nous en dirons quelque chose, & nous remarquerons seulement que cette passion tient toutes les parties du corps suspenduës entre la crainte & l'assurance; de sorte que si une partie du sourcil marque la crainte, l'autre partie marque de la sûreté, ainsi toutes les

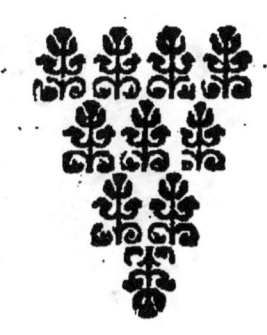

parties du corps & du viſa
ſont partagées & entremêlée
du mouvement de ces deu
paſſions.

24

*La Crainte*

16

# 25

# LA CRAINTE.

MAis s'il n'y a point d'a-
parence d'obtenir ce
qu'on defire , alors la crainte
ou le defefpoir prend la place
de l'efperance , & le mouvement de la crainte s'exprime
par le fourcil un peu élevé du
côté du nez, la prunelle étincelante & dans un mouvement
inquiet , fituée dans le milieu
de l'œil, la bouche ouverte, fe
retirant en arriere, & plus ouverte par les côtés que par le
milieu, aiant la lévre de deffous
plus retirée que celle du deffus.
La rougeur eft plus grande
même qu'en l'amour ni au de-

C

fir, mais elle n'eſt pas ſi belle,
car elle tient de la couleur livide, les lévres ſont de même,
& elles ſont auſſi plus ſeiches,
quand la paſſion de l'amour
change la crainte en jalouſie.

de la Jalousie naist
l'auersion

# 27

# LA JALOUSIE

S'Exprime par le front ridé, le fourcil abattu & froncé, l'œil étincelant, & la prunelle cachée fous les fourcils tournés du côté de l'objet qui caufe la paffion, le regardant de travers & d'un côté contraire à la fituation du vifage, la prunelle doit paroître fans arrêt & pleine de feu, auffi bien que le blanc de l'œil & les paupieres ; les narines pâles, ouvertes, & plus marquées qu'à l'ordinaire, & retirées en arriere, ce qui fait paroître des plis aux jouës : la bouche pourra être fermée, & faire con-

noître que les dents font ferrées, la lévre de deffus excede
celle de deffous, & les coins de
la bouche feront retirés en arriere, & feront fort abaiffés;
les mufcles des machoires paroîtront enfoncés.

Il y a une partie du vifage
dont la couleur fera enflâmée,
& l'autre jaunâtre, les lévres
pâles ou livides.

28

*La Haine* .

18

# LA HAINE.

DE la jaloufie s'engendre la haine ; & comme la haine & la jaloufie ont un grand rapport entr'elles, & que leurs mouvemens exterieurs font prefque femblables, nous n'avons rien à remarquer en cette paffion de different ni de particulier, qui ne foit dans la precedente. Aprés avoir parlé de la jaloufie & de la haine, nous pouvons paffer à la triftesse.

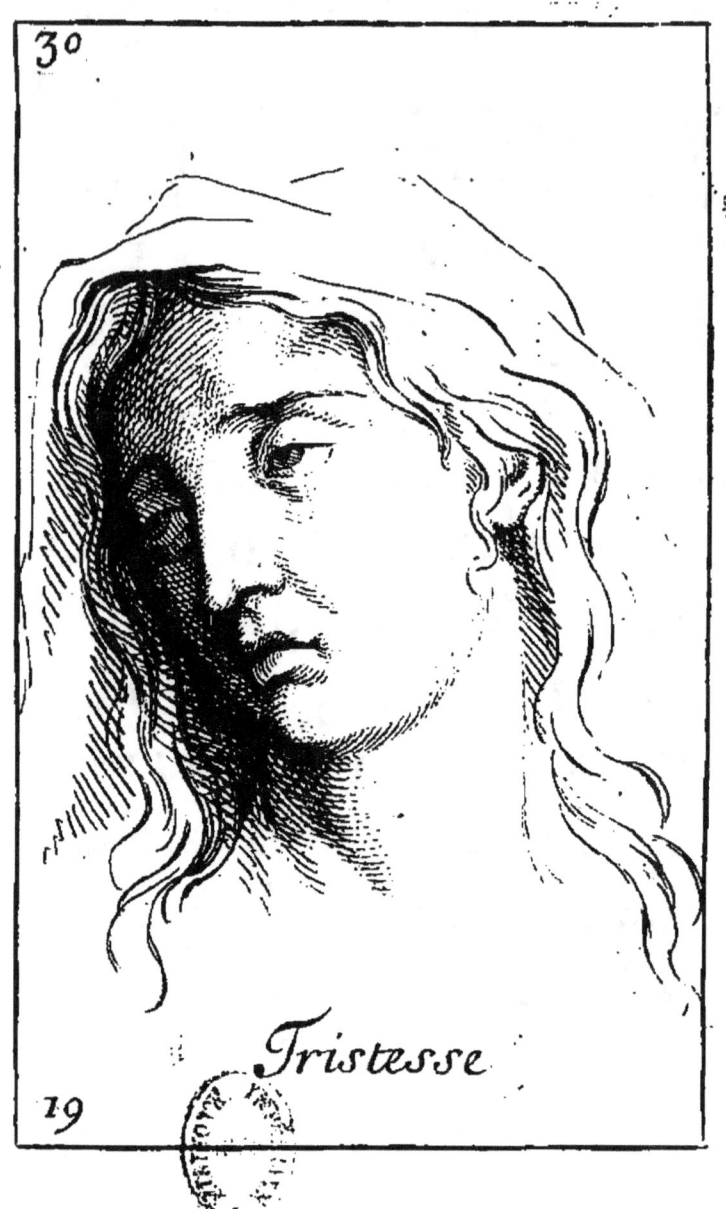

30

19

*Tristesse*

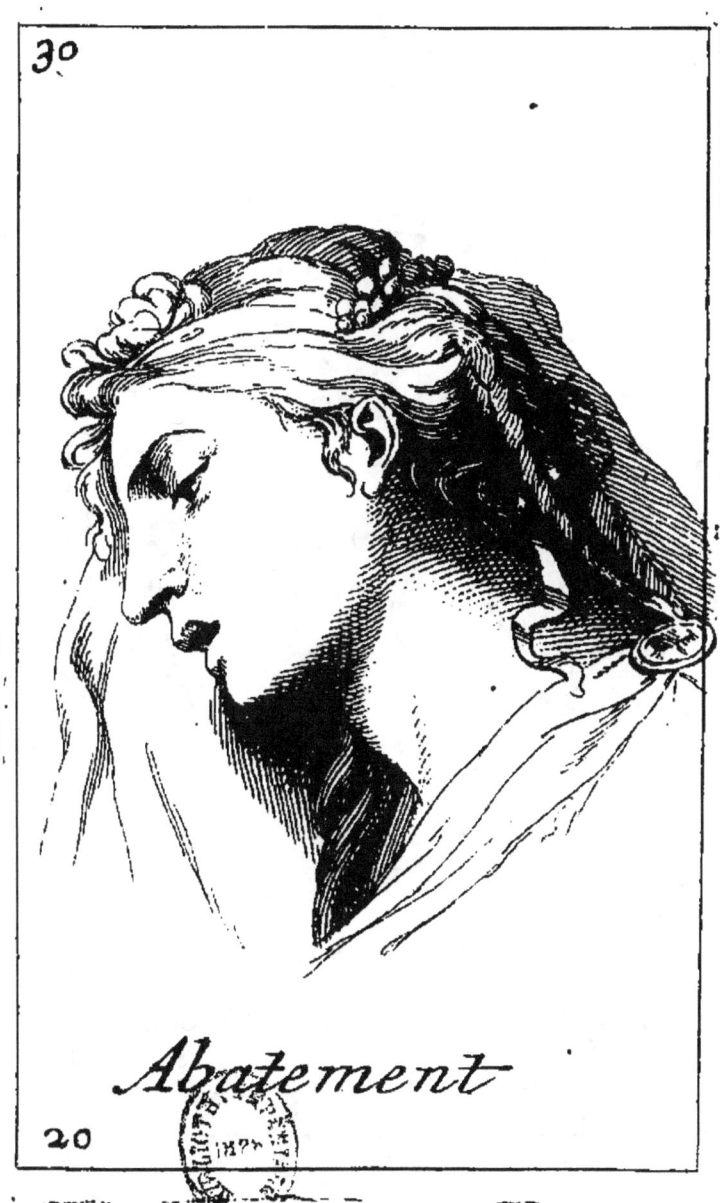

30

Abatement

20

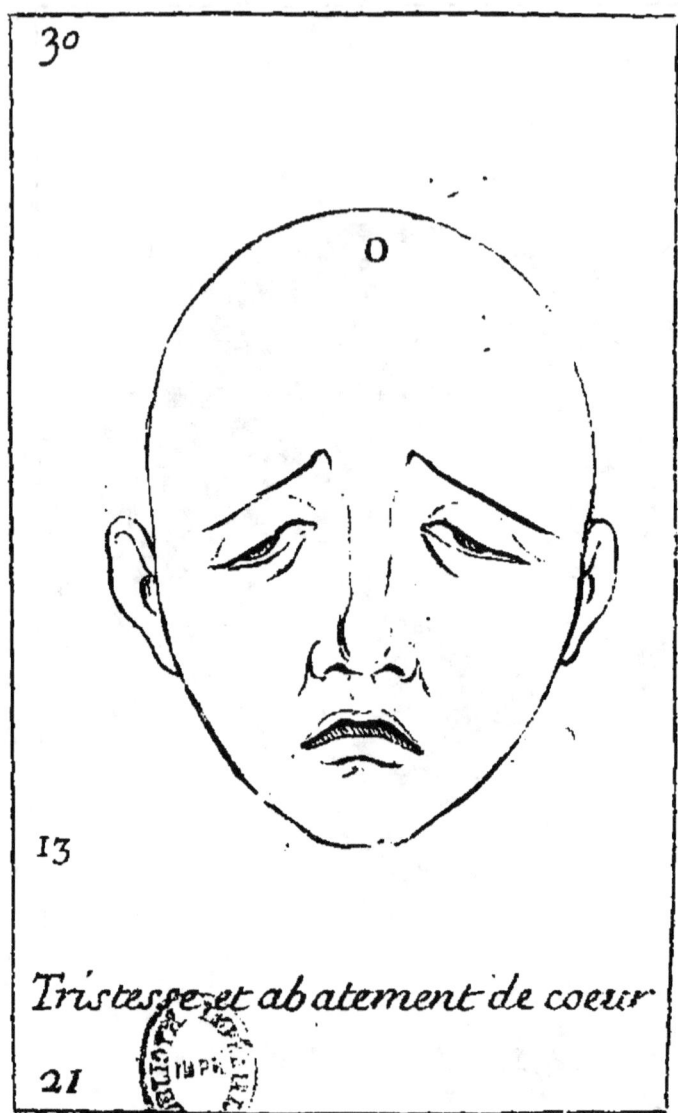

30

O

13

*Tristesse et abatement de coeur*

21

# LA TRISTESSE.

COmme nous avons dit, la tristesse est une langueur desagreable, où l'ame reçoit des incommodités du mal ou du défaut que les impressions du cerveau lui representent.

Cette passion se figure aussi par des mouvemens qui semblent marquer l'inquietude du cerveau, & l'abattement du cœur, car les côtés des sourcils font plus élevés vers le milieu du front, que du côté des joûës ; & celui qui est agité de cette passion, a les prunelles troubles, le blanc de l'œil jaune, les paupieres abattuës & un peu enflées, le tour des yeux livide, les narines tirant en bas, la bouche entr'ouverte & les coins abaiſſés, la tête paroît nonchalamment panchée ſur une des épaules, toute la couleur du viſage eſt plombée, & les lévres pâles & ſans couleur.

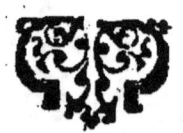

32

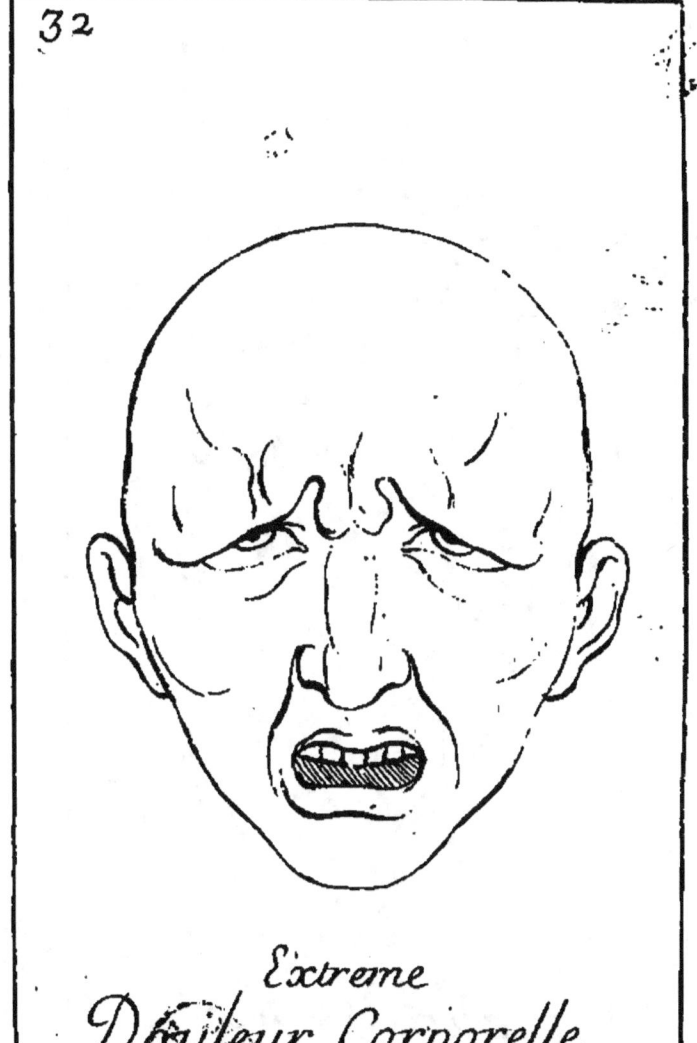

Extreme
D'ouleur Corporelle

22

32

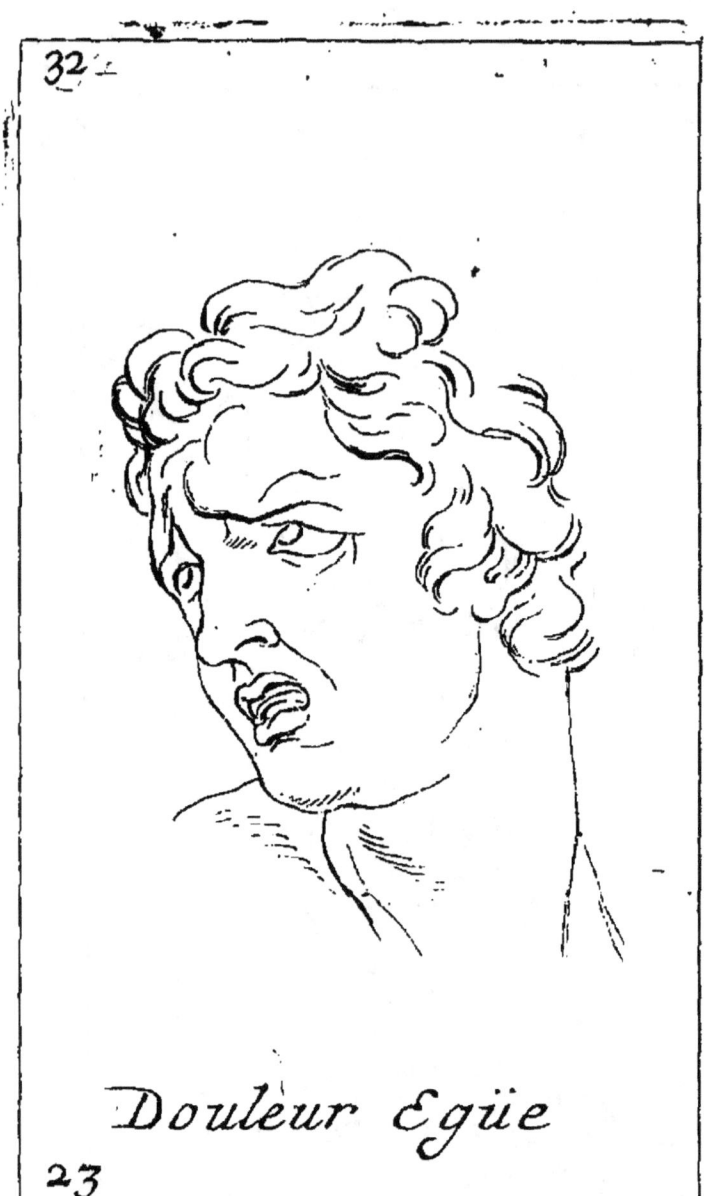

*Douleur Egüe*

23

## Douleur corporelle.

MAis si la tristesse est causée par quelque douleur corporelle , & que cette douleur soit aiguë , tous les mouvemens du visage paroîtront aigus, car les sourcils qui s'élevent en haut , le seront encore plus que dans la precedente passion, & s'approcheront plus prés l'un de l'autre ; la prunelle sera cachée sous le sourcil , les narines s'éleveront aussi de ce côté-là, & marqueront un plis aux joües, la bouche sera plus ouverte que dans la precedente action, & plus retirée en arriere , &

féra une espece de figure car-
rée en cet endroit-là. Toutes
les parties du visage paroîtront
plus ou moins marquées , &
plus agitées selon que la douleur sera violente.

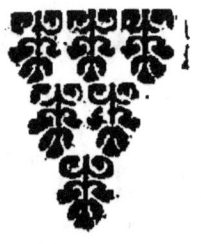

34

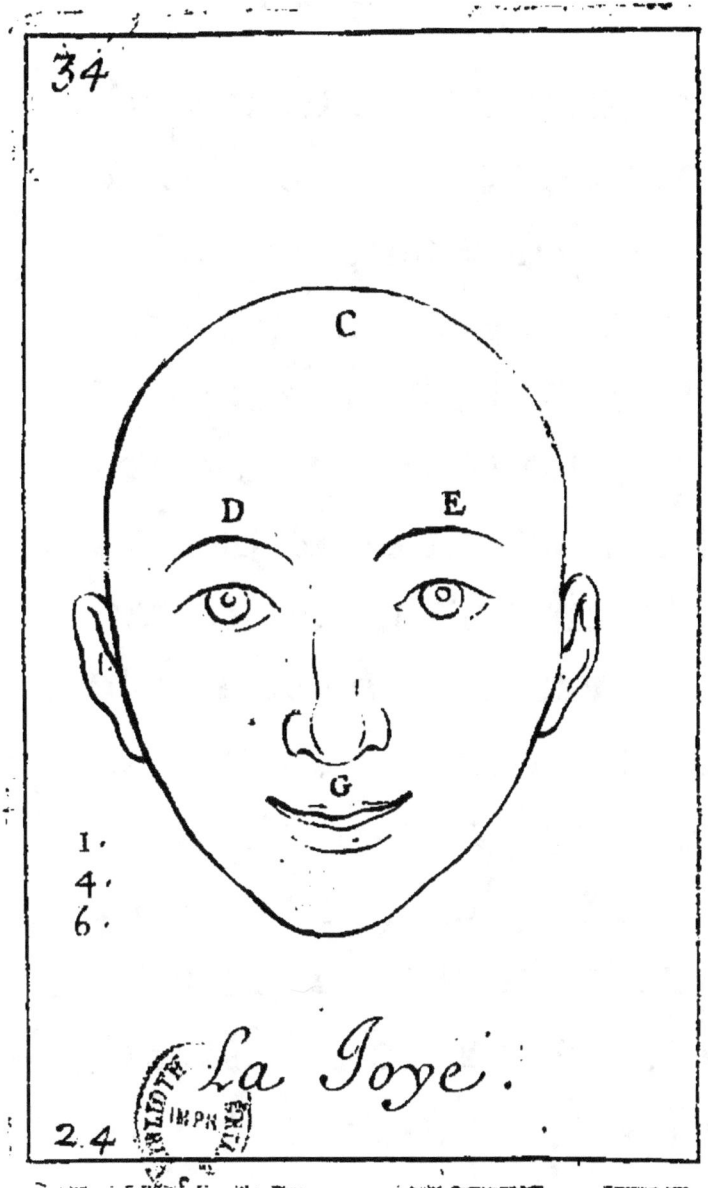

I.
4.
6.

La Joye.

24

## LA JOIE.

SI au lieu de toutes les paſ-ſions dont nous venons de parler, la joie s'empare de l'ame, les mouvemens qui l'expriment ſont bien differens de ceux que nous venons de remarquer, car en cette paſſion le front eſt ſerain, le ſourcil ſans mouvement, élevé par le milieu, l'œil mediocrement ouvert & riant, la prunelle vive & éclatante, les narines tant ſoit peu ouvertes, la bouche aura un peu les coins élevés, le teint vif, les joües & les lévres vermeilles.

36.

le Ris

25

# *LE RIS.*

ET ſi à la joie ſuccede le ris, ce mouvement s'exprime par les ſourcils élevés vers le milieu de l'œil, & abaiſſés du côté du nez, les yeux preſque fermés, la bouche paroîtra entr'ouverte, & fera voir les dents, les coins feront retirés en arriere, & s'éleveront en haut, ce qui fera faire un plis aux joües qui paroîtront enflées & ſurmonter les yeux, le viſage fera rouge, les narines ouvertes, & les yeux peuvent paroître moüillés, ou jetter quelques larmes qui étant bien differentes de celles de la tri-

steſſe , ne changent rien au
mouvement du viſage , mais
bien quand elles ſont excitées
par la douleur.

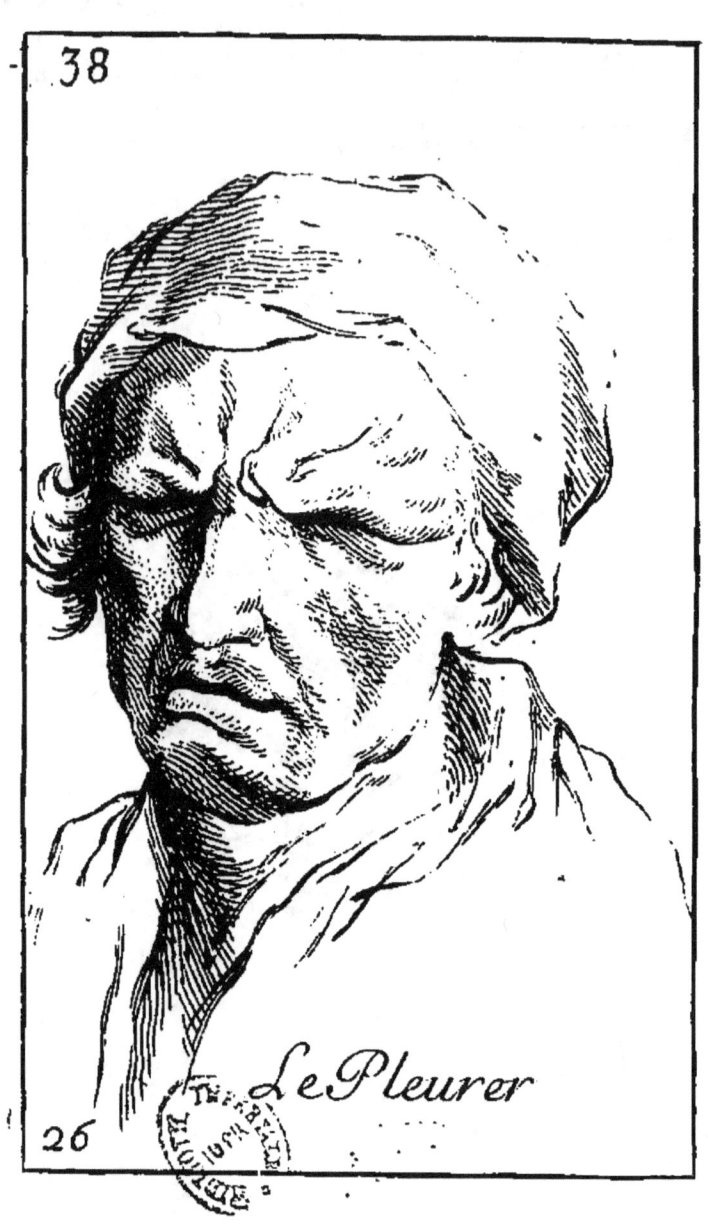

38

Le Pleurer

26

38

M

N

II.
12.

*Mouvement composé.*

27

# LE PLEURER.

ALors celui qui pleure a le sourcil abaissé sur le milieu du front, les yeux presque fermés, fort moüillés & abaissés du côté des joües, & les narines enflées, & tous les muscles & veines du front sont apparens; la bouche sera demie ouverte, ayant les côtés abaissés, faisant des plis aux joües, la lévre de dessous paroîtra renversée, & pressera celle de devant, tout le visage sera ridé & froncé, la couleur fort rouge, principalement à l'endroit des sourcils, des yeux, du nez & des joües.

40

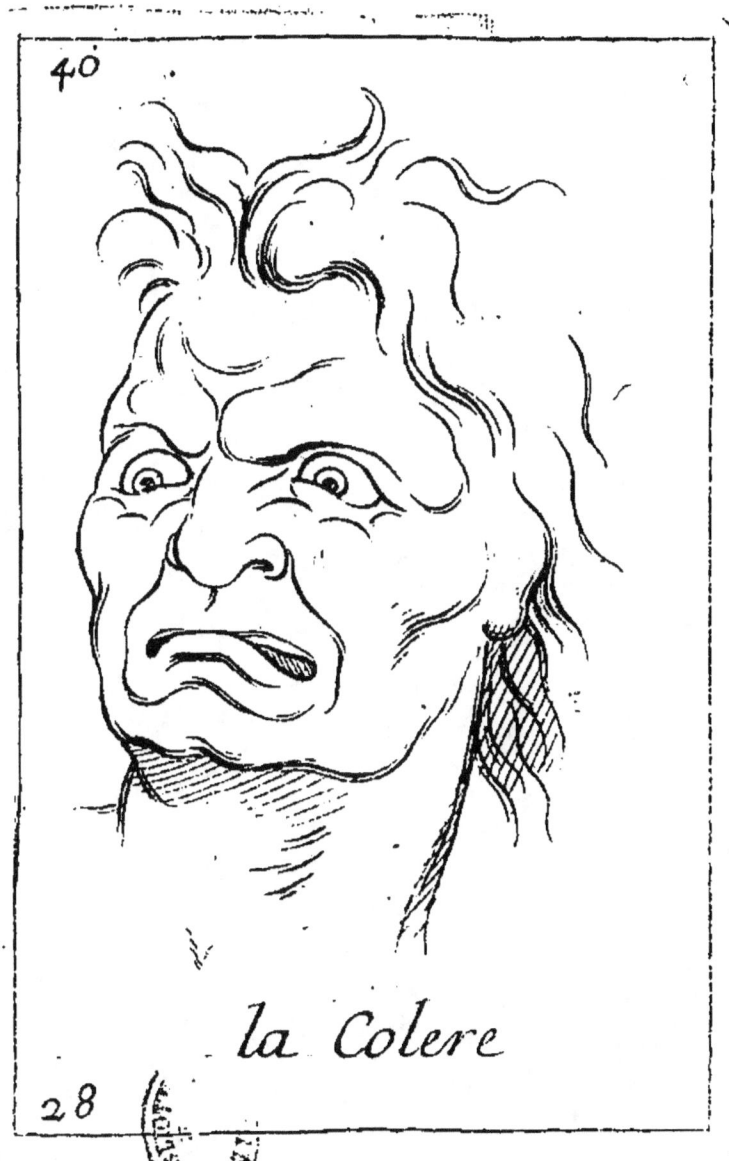

la Colere

28

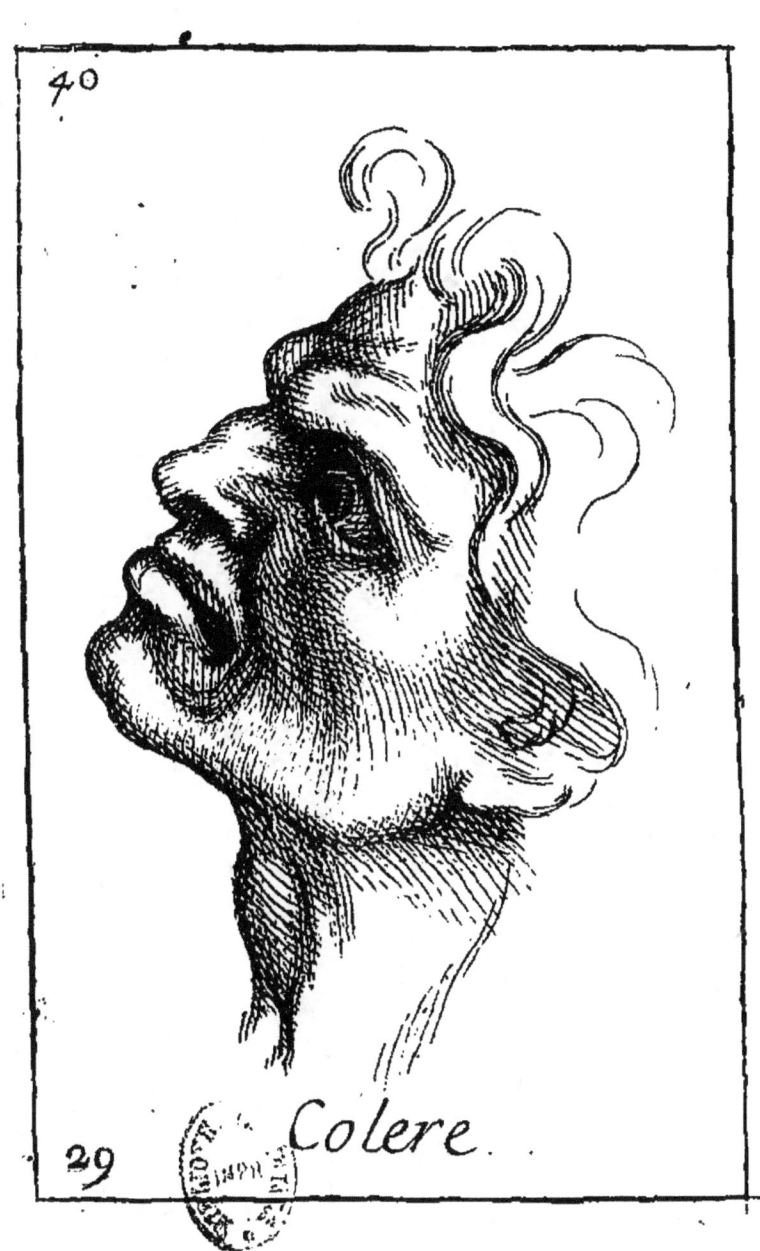

29

*Colere.*

40

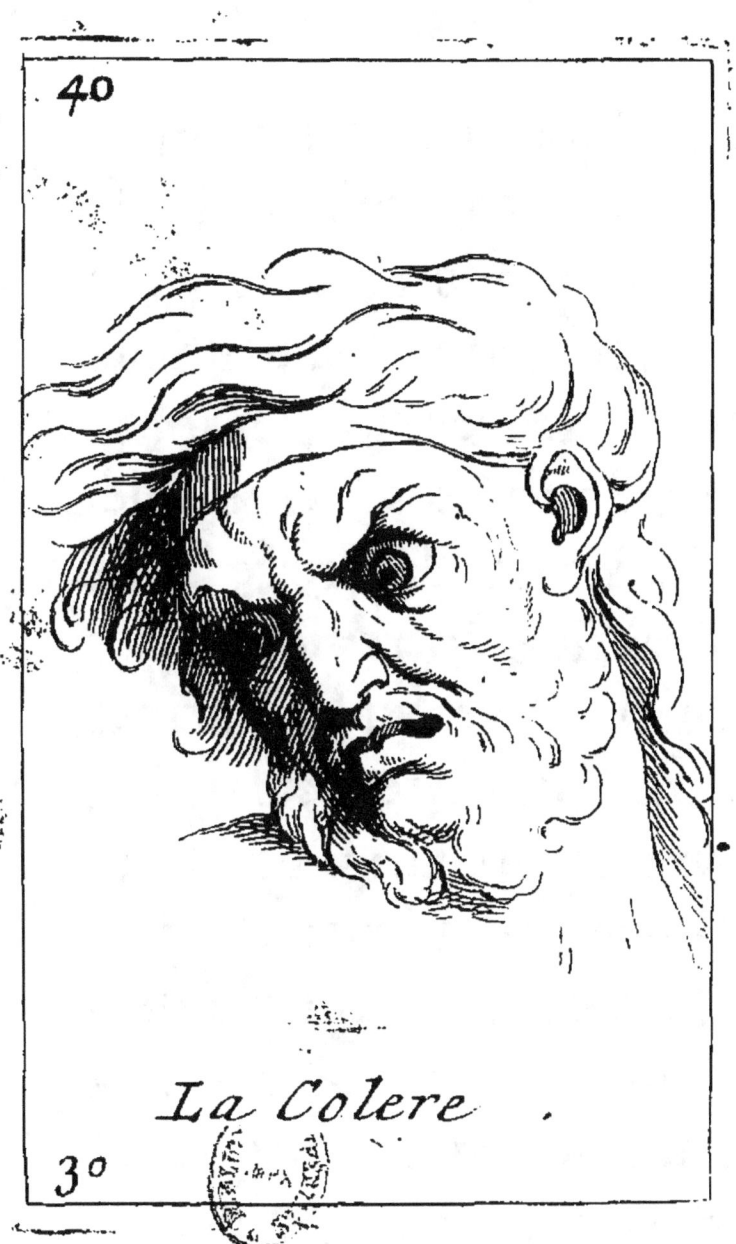

*La Colere* .

3º

# LA COLERE.

Lorſque la colere s'empare de l'ame, celui qui reſſent cette paſſion, a les yeux rouges & enflâmés, la prunelle égarée & étincelante, les ſourcils tantôt abattus, tantôt élevés l'un comme l'autre, le front paroîtra ridé fortement, des plis entre les yeux, les narines paroîtront ouvertes & élargies, les lévres ſe preſſant l'une contre l'autre, & la lévre de deſſous ſurmontera celle de deſſus, laiſſant les coins de la bouche un peu ouverts, formant un ris cruel & dédaigneux.

D

Il femblera grincer les dents, il paroîtra de la falive à la bouche ; fon vifage fera pâle en quelque endroit , & enflâmé en d'autres & tout enflé ; les veines du front , des tempes , & du col feront enflées & tenduës , les cheveux heriffés , & celui qui reffent cette paffion, s'enfle au lieu de refpirer , parce que le cœur eft oppreffé par l'abondance du fang qui vient à fon fecours.

A la colere fuccede quelquefois la rage ou le defefpoir.

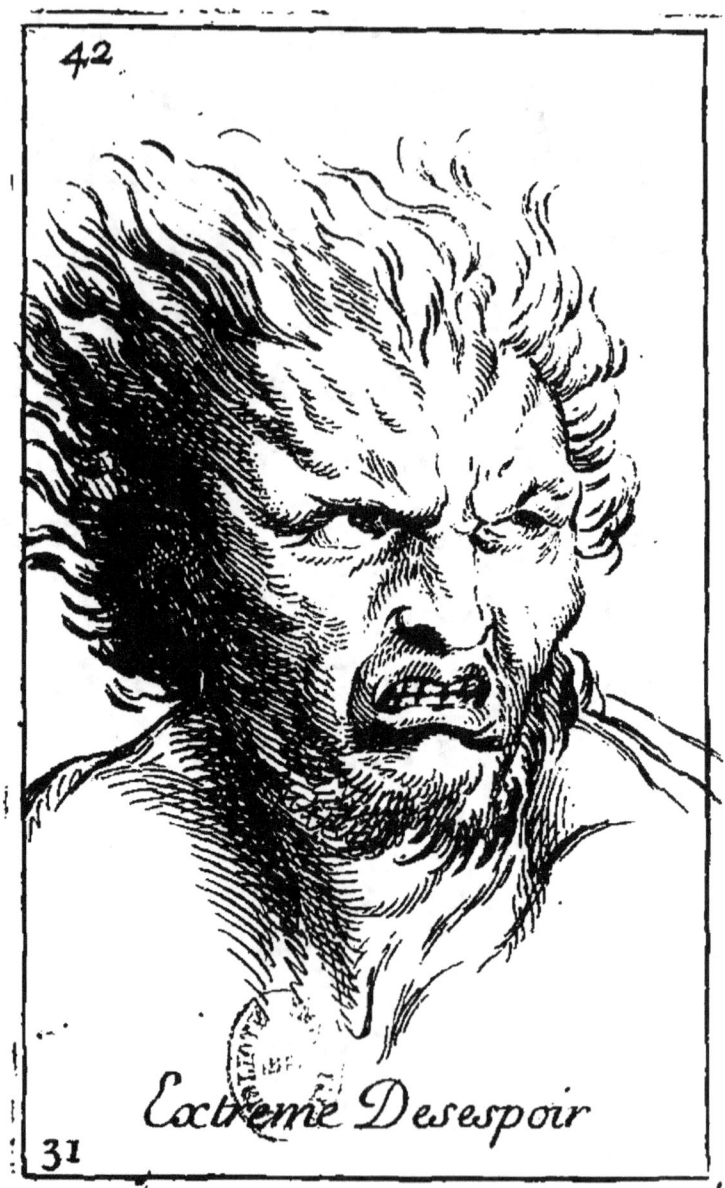

42

*Extreme Desespoir*

31

## L'extrême defeſpoir.

IL ſe peut exprimer par un homme qui grince les dents, écume, & qui ſe mord les lévres, & qui aura le front ridé par des plis qui deſcendent du haut en bas, les ſourcils ſeront abaiſſés ſur les yeux, & fort preſſés du côté du nez : il aura l'œil en feu, plein de ſang, la prunelle égarée, cachée ſous le ſourcil, & dans le bas de l'œil elle paroîtra étincelante & ſans arrêt ; ſes paupieres ſeront enflées & livides, les narines groſſes & ouvertes s'éleveront en haut, & le bout du nez tirera en bas, les muſcles & tendons de cette partie feront fort enflés, ainfi que toutes les veines & nerfs du front, des tempes, & des quatre parties du vifage : le haut des jouës paroîtra gros, marqué & ferré à l'endroit de la machoire, la bouche qui fera ouverte fe retirera fort en arriere, & fera plus ouverte par les côtés que par le milieu, la lévre de deffous fera groffe & renverfée, & toute livide ainfi que tout le refte du vifage ; il aura les cheveux droits & heriffés.

49

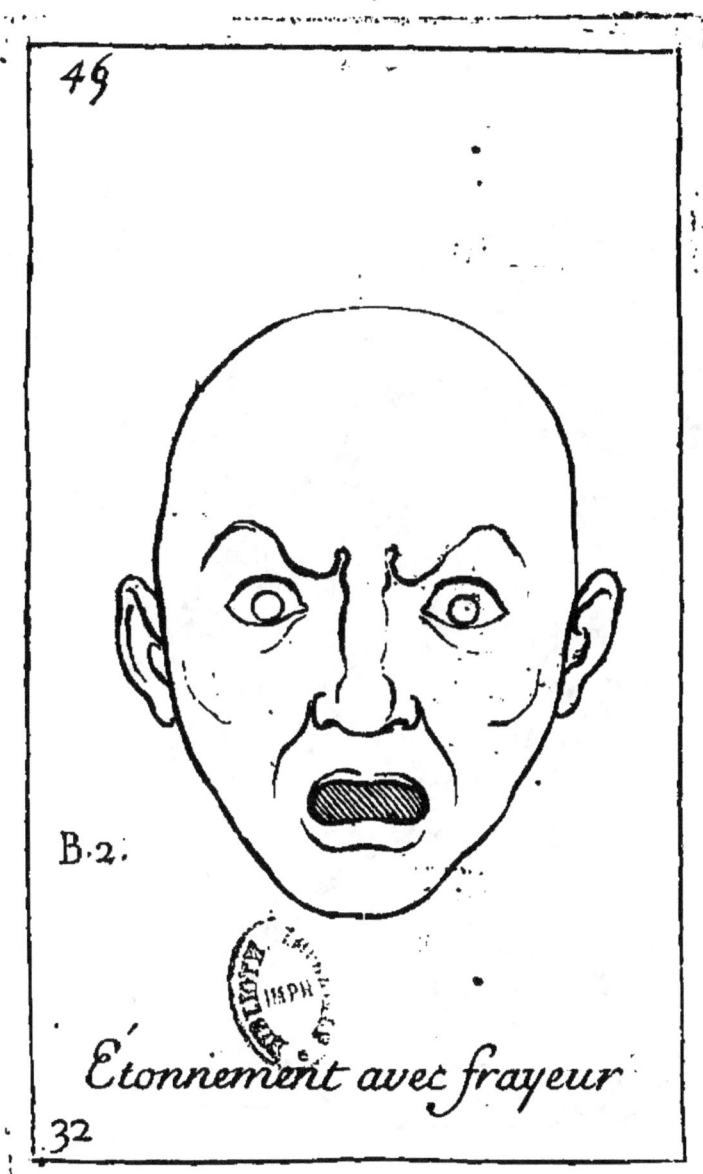

B.2.

*Étonnement avec frayeur*

32

49

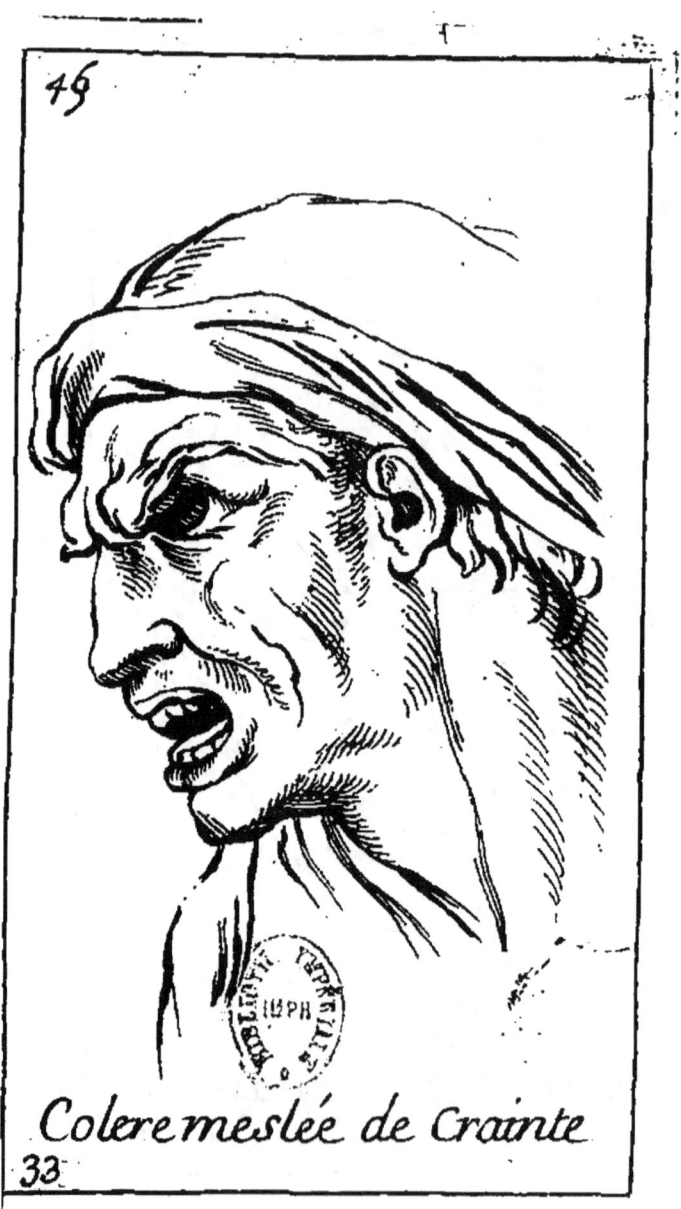

Colere mesleé de Crainte

33

45

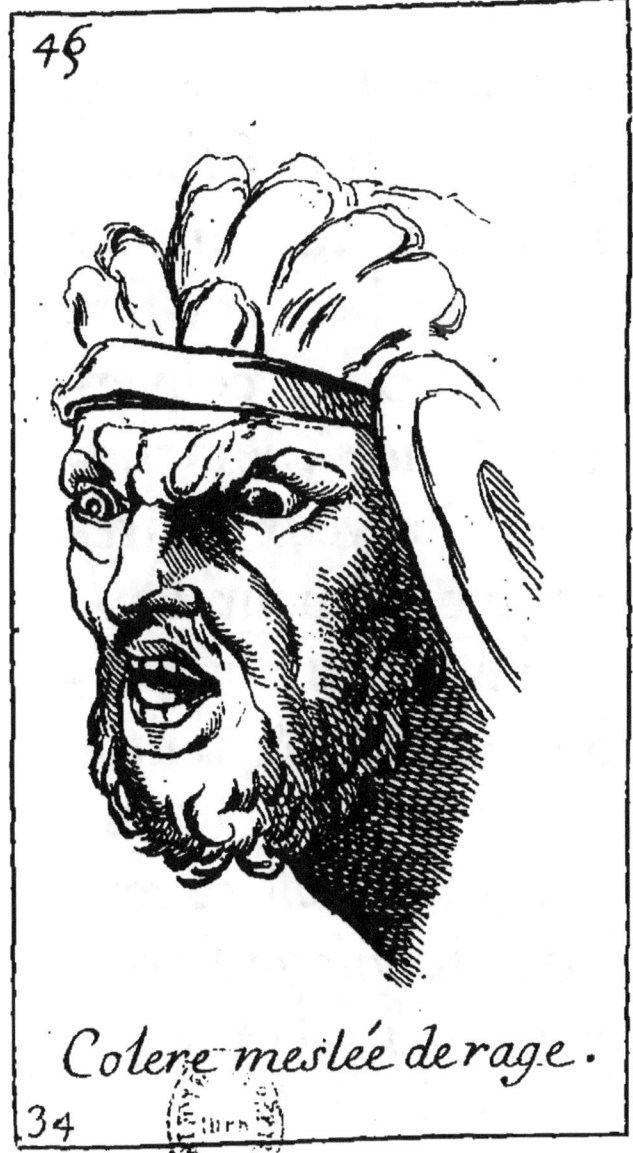

*Colere meslée de rage.*

34

# LA RAGE.

A De semblables mouvemens que le desespoir, mais ils semblent être encore plus violens, car le visage sera presque tout noir, couvert d'une sueur froide, les cheveux herissés, les yeux égarés & dans un mouvement contraire, la prunelle tirant tantôt du côté du nez, & tantôt se retirant dans les coins de l'œil du côté des oreilles : toutes les parties du visage seront extrémement marquées & enflées.

46

C

F

H.

I.
3.
5.
7.

*Mouuement de douleur*

35

46

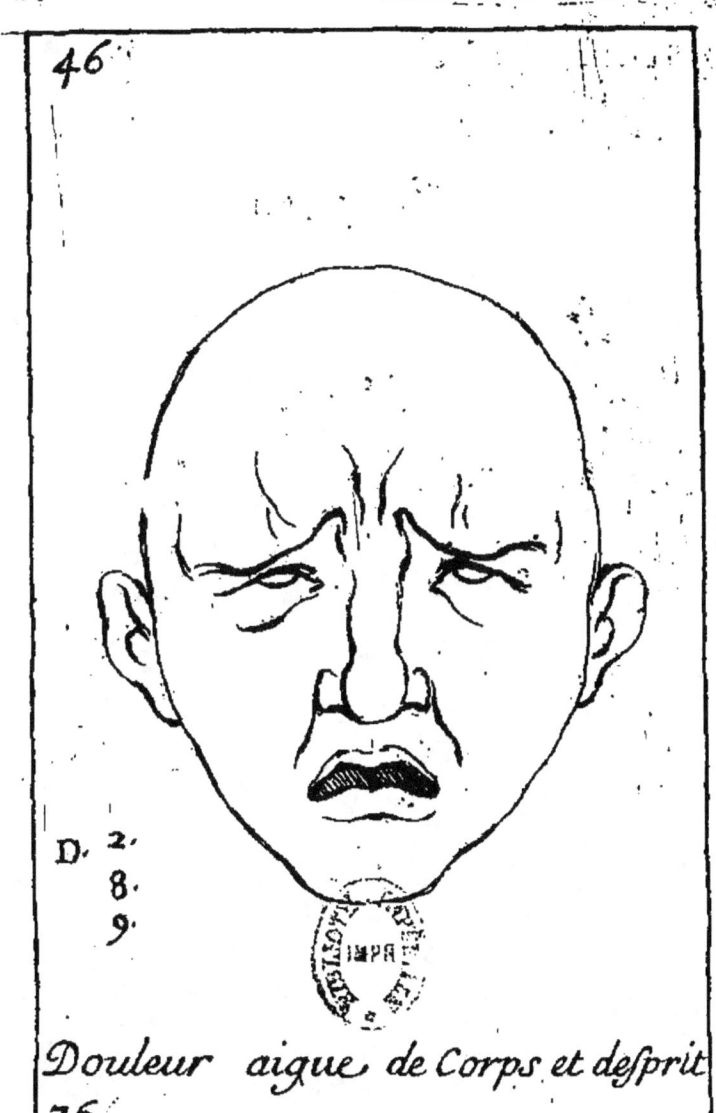

D. 2.
8.
9.

Douleur aigue de Corps et desprit

36

46

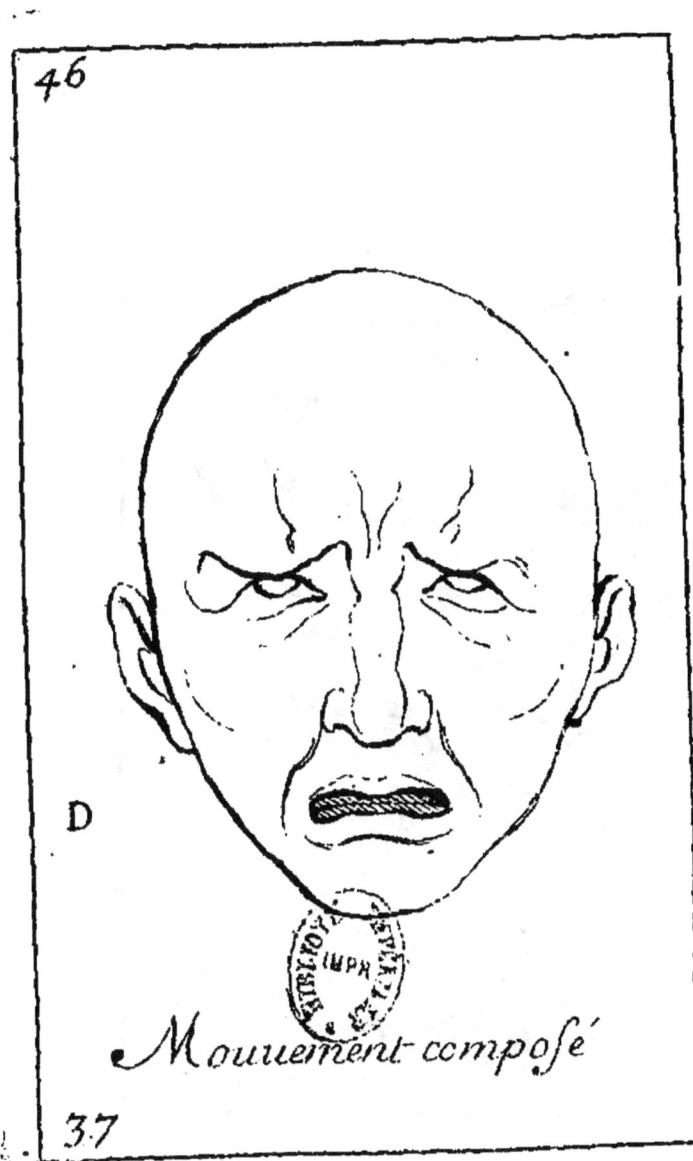

D

Mouuement composé

46

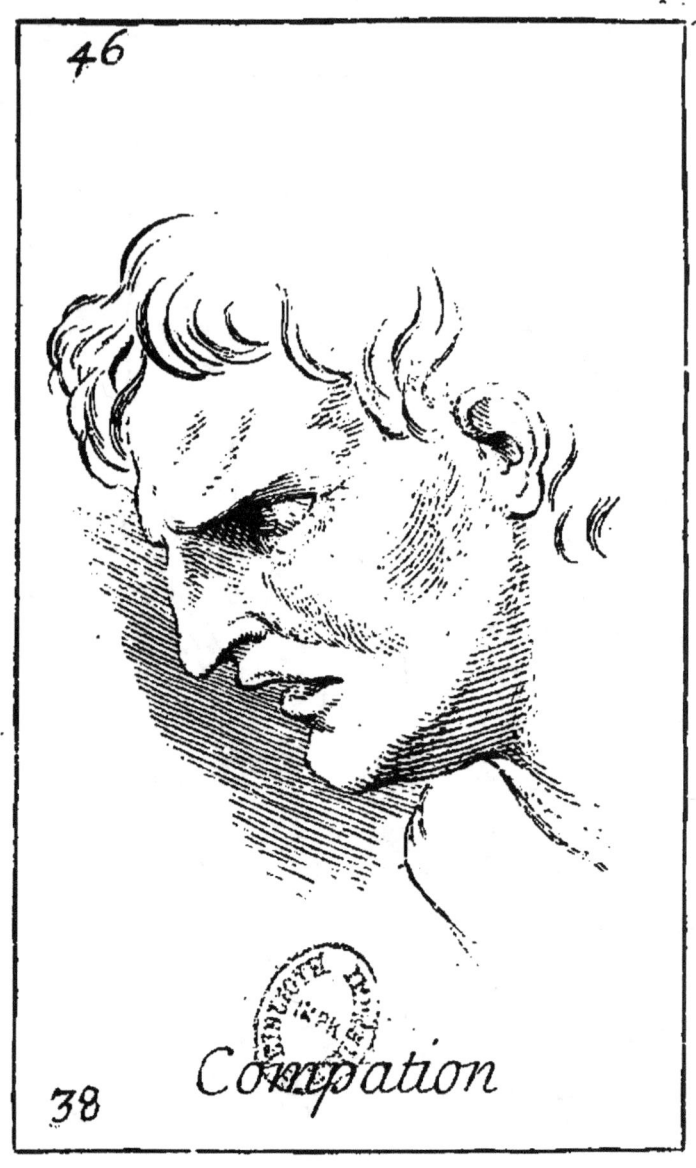

*Compation*

38

46

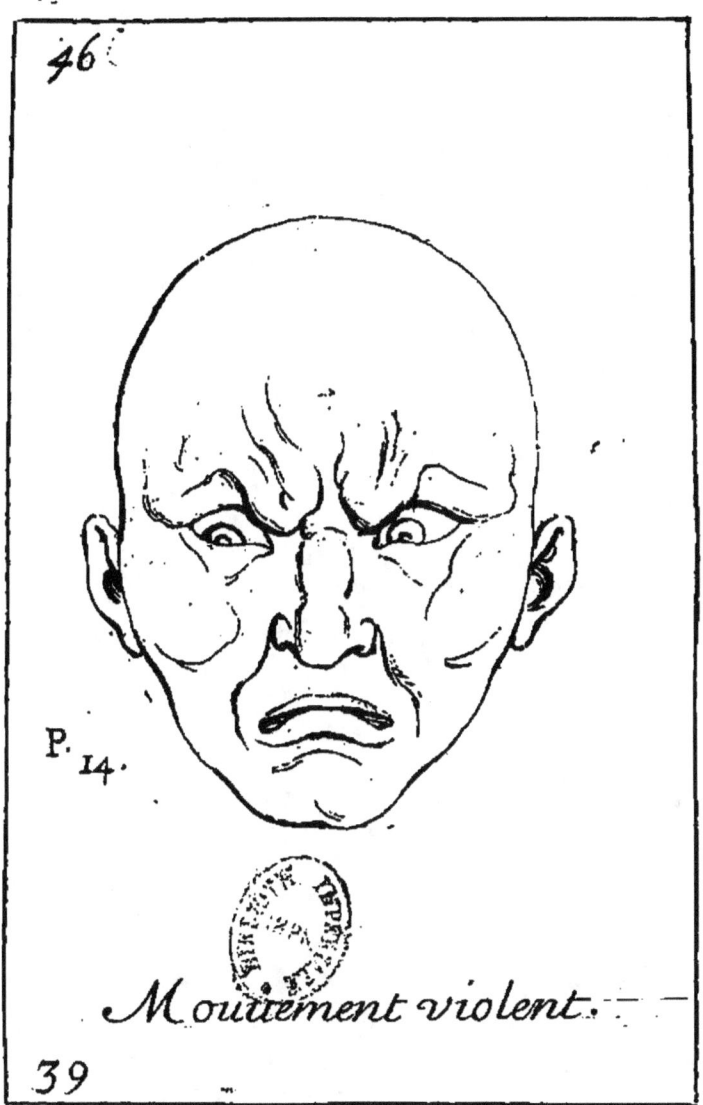

P. 14.

Mouvement violent.

39

46

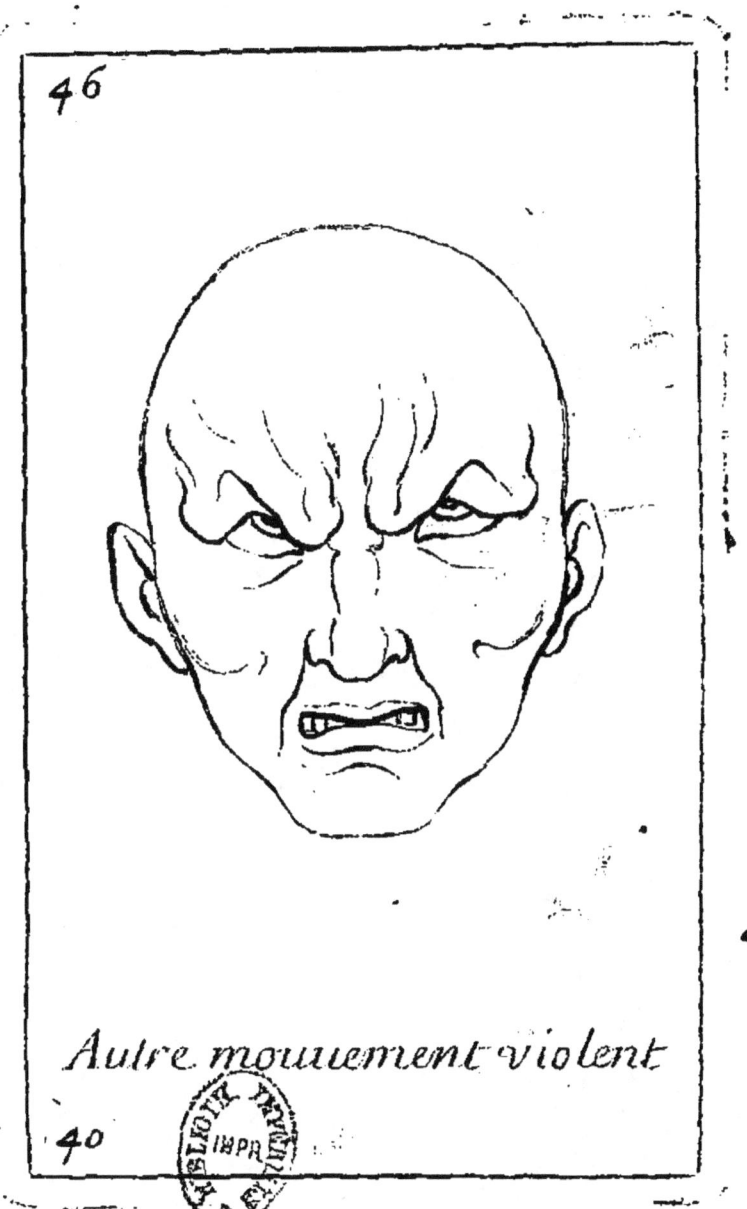

*Autre mouuement violent*

40

46

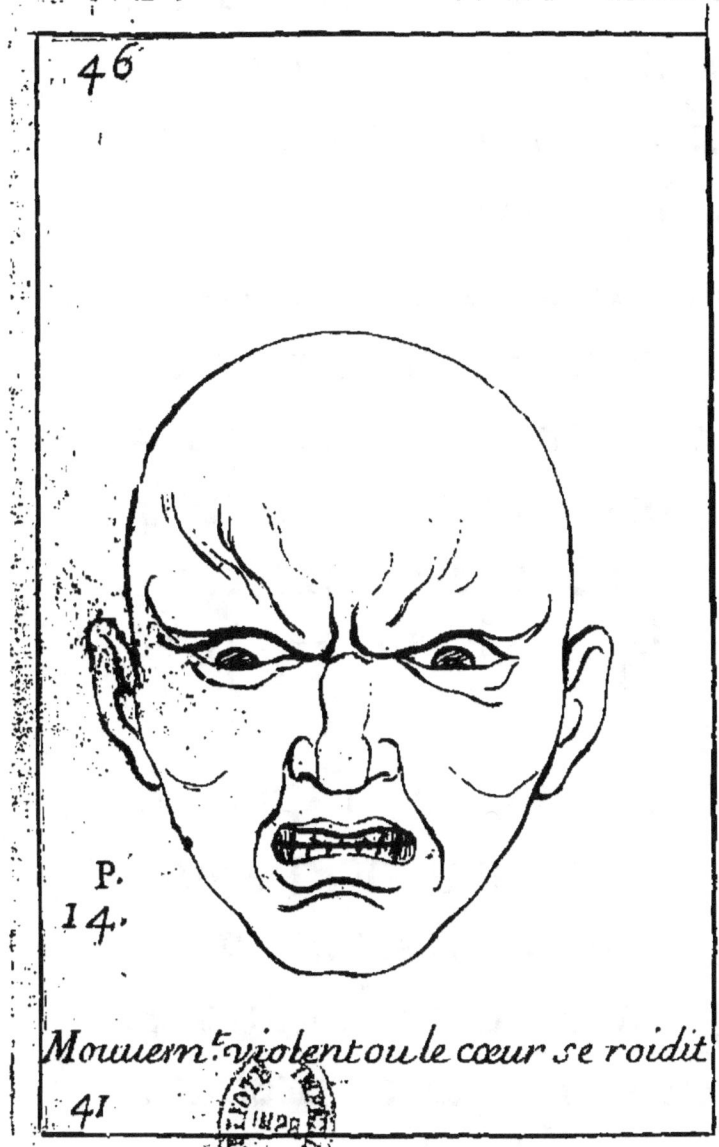

P.
14.

Mouuem.<sup>t</sup> violent ou le cœur se roidit

41

VOila, MESSIEURS, une partie des mouve-mens exterieurs que j'ai remarqués fur le vifage.

Mais comme nous avons dit dans le commencement de ce difcours, que les autres parties du corps peuvent fervir à l'expreffion, il fera bon d'en dire quelque chofe en paffant.

Si l'Admiration n'apporte pas grand changement dans le vifage, elle ne produit gué-res d'agitation dans les autres parties du corps, & ce premier mouvement peut fe reprefenter par une perfonne droite, aiant les deux mains ouvertes, les bras approchans un peu du corps, les pieds l'un contre l'autre & en même situation.

Mais dans l'Estime le corps fera un peu courbé, les épaules tant soit peu élevées, les bras ploiés & joignant le corps, les mains ouvertes & s'approchant l'une contre l'autre, & les genoux ploiés.

Dans la Veneration le corps fera encore plus courbé que dans l'Estime, les bras & les mains feront presque joints, les genoux iront en terre, & toutes les parties du corps marqueront un profond respect.

Mais en l'action qui marque la Foi, le corps peut être tout-à-fait

à fait incliné, les bras ploiés &
joignant le corps, les mains
croisées l'une sur l'autre, & toute l'action doit marquer une profonde humilité.

Le Raviſſement, ou extaſe peut faire paroître le corps ren- verſé en arriere, les bras élevés, les mains ouvertes, & toute l'a- ction marquera un tranſport de joie.

Dans le Mépris & l'Averſion le corps peut ſe retirer en ar- riere, les bras dans l'action de repouſſer l'objet pour lequel on a de l'averſion; ils peuvent ſe ret rer en arriere, & les pieds & les jambes faire la même choſe.

Mais en l'Horreur les mou- vemens doivent être bien plus

E

violens que dans l'Aversion, car le corps paroîtra fort retiré de l'objet qui cause de l'horreur, les mains seront fort ouvertes, & les doigts écartés, les bras fort serrés contre le corps, & les jambes dans l'action de courir.

La Fraieur a bien quelque chose de ces mouvemens, mais ils paroissent plus grands, & plus étendus; car les bras se roidiront en avant, les jambes seront dans l'action de fuir de toutes leurs forces, & toutes les parties du corps paroîtront dans le désordre.

Toutes les autres Passions peuvent produire des actions au corps selon leur nature, mais

il y en a qui ne font pas prefque fenfibles, comme l'Amour,
l'Efperance & la Joie ; car ces
Paffions ne produifent pas de
grands mouvemens au corps.

La Trifteffe ne produit qu'un
abattement de cœur, auffi bien
qu'en toutes les autres parties
du vifage.

La Crainte peut avoir quelques mouvemens pareils à la
Fraieur, quand elle n'eft caufée
que par l'apprehenfion de per-
dre quelque chofe, ou qu'il
n'arrive quelque mal. Cette paffion peut donner au corps des
mouvemens qui peuvent être
marqués par les épaules pref-
fées, les bras ferrés contre le
corps, les mains de même, les

autres parties ramaſſées enſem-
ble, & ploiées comme pour exprimer un tremblement.

Le Déſir peut ſe marquer par
les bras étendus vers l'objet que
l'on déſire ; tout le corps peut
s'incliner de ce côté-là, & toutes les parties paroîtront dans
un mouvement incertain & inquiet.

Mais en la Colere tous les
mouvemens ſont grands & fort
violens, & toutes les parties ſont
agitées ; les muſcles doivent
être fort apparens, plus gros &
enflés qu'à l'ordinaire, les veines tenduës, & les nerfs de
même.

Dans le Déſeſpoir toutes les
parties du corps ſont preſque

en même état que dans la Colere, mais elles doivent paroître plus désordonnées ; car on
peut faire un homme qui s'ar-
rache les cheveux, qui se mord
les bras, qui se déchire tout le
corps, qui court & se préci-
pite.

Il y auroit encore d'autres
choses à remarquer, si nous
voulions exprimer toutes les
Passions par le menu & dans
leurs circonstances : Mais,
MESSIEURS, vous agréerez
ce petit échantillon du travail
que j'ay fait, pour suivre les
sentimens de Monseigneur nôtre Protecteur ; & le recevrez
comme un travail proportion-
né à ma santé, & autant que

me l'ont pû permettre mes autres occupations. Je sçai qu'il y a encore un grand nombre de Passions que je n'ai point touchées ici, par la crainte que j'ai eu de vous ennuier, & d'abuser de vôtre patience ; mais lorsque ce sera à mon tour de parler dans cette Assemblée, je tâcherai à vous entretenir de la Phisionomie, des effets differens qui causent les Passions selon la diversité des sujets qui la reçoivent.

# F I N.

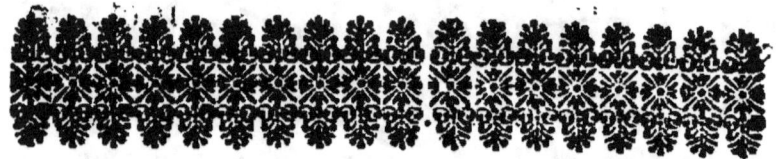

# ABREGÉ

## D'UNE

## CONFERENCE

### DE

## MOMSIEUR LE BRUN,

### Sur la

## PHISONOMIE.

**L**ES santimens que quelques natu-
raliftes ont écrit de la Physionomie, font que les affections de
l'ame suivent le temperamment du
corps, & que les marques exterieures
font des fignes certains des affections de
l'ame que l'on connoift en la forme de
chaque animal, fes mœurs & fa com-
plexion; par exemple, le Lion eft ro-
buste

bufte & nerveux, auffi il eft fort; le
Leopard eft foûple & delicat, il eft fin
& trompeur; l'Ours eft fauvage, farouche
& terrible, il eft auffi cruel; de forte
que les formes extérieures marquant le
naturel de chaque animal, les Phifiono-
miftes difent, que s'il arrive qu'un
homme ait quelque partie du corps
femblable à celle d'une bête, il faut de
cette partie tirer des conjectures de fes
inclinations, ce que l'on apelle Phifionomie : que le mot de Phifionomie eft
un mot compofé du Grec, qui fignifie
regle ou loi de nature, par lesquelles les
affections de l'ame ont du raport à la
forme du corps: qu'ainfi il y a des fignes
fixes & permanens qui font connoître
les paffions de l'ame, à fçavoir celles
qui refident en la partie fenfitive. Quelques Philofophes ont dit, que l'on peut
exercer cette fcience par diffimilitude,
c'eft a dire par les contraires, par exemple fi la dureté du poil eft un figne du
naturel rude & farouche, la moleffe l'eft
d'un qui fera doux & tendre, de même
fi la poitrine couverte d'un poil épais
eft le figne du naturel chaud & colere,
celle qui eft fans poil marque la man-
fuetude & la douceur.

D'au-

D'autres difent , que pour fça-
voir quelles font les parties ou les fignes
qui marquent les affections des animaux, il faut faire cette diftinction, les
uns font propres & les autres font com-
munes , les propres font particulieres a
une feule efpece, les autres conviennent
à plufieurs, comme la lubricité, quoi-
quelle le foit davantage aux boucs, aux
ânes & aux pourceaux, les autres animaux
ne laiffent pas d'en eftre auffi émeus; Donc
pour connoître le figne propre, il faut
confiderer une feule efpece d'animal ,
univerfeulement fujette à une même paffion, & enfuitte une autre efpece , en
la quelle cette paffion ne fe rencontre
qu'en particulier, pour exemple du figne
de la force, il faut confiderer toutes les
efpeces d'animaux , le Lion, le Taureau, le Cheval, le Sanglier &c. Et fi
le figne qui eft au Lion eft auffi aux
autres , & que les animaux foibles ne
l'ayent pas, il faut reconnoître que c'eft
le figne de la force.

Il y en a qui difent, que le figne de la
force eft d'avoir les extrémités grandes comme au Lion, ce qui eft dou-
teux, puifque quelques autres animaux,
comme le Taureau & le Cheval &c, ne

les

les ont pas grandes, mais fort nerveuſes & bien articulées. Quelques uns diſent que les animaux ont pluſieurs afféctions, par exemple, le Lion eſt vaillant, fort & colere. Pour diſtinguer le ſigne de valeur, il faut remarquer, ſi les Taureaux & les autres animaux qui ſont forts, ont les deux ſignes, par exemple ſes Lions ont de grandes extremitez & le front élevé, ſi les autres animaux qui ſont forts, n'ont pas le front élevé, il faudra dire par conſequent, que le front élevé eſt le ſigne de la valeur, & les grandes extrémitez le ſigne de la force; Voilà quels ſont les ſantimens des anciens Phiſionomes, leſquels étendent leurs obſervations ſur toutes les parties du corps & même ſur la couleur.

Mais il eſt plus àpropos de ſe réduire à ce qui peut eſtre neceſſaire aux Peintres, car quoi qu'on diſe que le geſte de tout le corps ſoit un des plus conſiderables ſignes, qui marquent la diſpoſition de l'Eſprit, l'on peut néanmoins s'arêter aux ſignes qui ſe rencontrent en la teſte, ſuivant ce que dit Apulée, que l'homme ſe montre tout entier en ſa teſte & qu'à la verité ſi l'homme eſt dit le raçourci du
Mon-

Monde entier, la teste peut bien estre dite le racourci de tout son corps, que les animaux sont autant differens dans leurs inclinations, comme les hommes le sont dans leurs affections. Il faut donc premiérement observer les inclinations, que chaque animal a dans sa propre espece, ensuite chercher dans leur Physionomie les parties qui marquent singulierement certaines affections dominantes, par exemples les pourceaux sont sales, lubriques, gourmands & paresseux. Or l'on doit remarquer quelle partie marque la gourmandise, la lubricité & la paresse, parce que quelque homme pourroit avoir des parties ressemblantes à celle d'un pourceau qui n'auroit pas les autres, & ainsi il faut sçavoir premierement quelles parties sont affectées à certaines inclinations. En second lieu la ressemblance & le raport des parties de la face humaine avec celle des animaux, & enfin reconnoître le signe qui change tous les autres, & augmente ou diminuë leur force & leur vertu, ce qui ne se peut faire entendre que par demonstration de figure.

L'on remarque que les Animaux qui ont le nez élevé par dessus sont audacieux, que l'audace est quand un Animal entre-

prend

prend témérairement un combat n'ayant pas de force pour le foutenir, d'où vient que ce qui eft audace à un mouton eft valeur à un Lion; la difference qu'il y a de la face humaine à celles des brutes, eft que l'homme a les yeux fituez fur une même ligne qui traverfe droit au nerf des oreilles, lequel conduit à l'ouye, les animaux Brutes au contraire ont l'œil tirant en bas vers le nez plus ou moins, fuivant leurs affections naturelles. Secondement l'homme éléve la prunelle en haut, ce que les animaux ne fçauroient faire fans lever le nez, le mouvement de leur prunelle tournant bien en bas, tant que quelquefois le blanc paroift beaucoup au deffus; mais jamais ils ne les élevent en haut. Troifiémement, les fourcils des animaux ne fe rencontrent jamais, & baiffent toûjours leurs pointes en bas, mais ceux de l'homme s'approchent au milieu du front & hauffent leur pointes du côté du nez.

L'on demontre par un triangle, que les impreffions des fentimens des animaux fe portent du nez à l'ouye, & de-là au cœur dont la ligne d'en bas vient fermer fon angle à celle qui eft fur le nez, & que quand cette ligne traverfe tout l'œil, & que cel-

le

le d'en bas paſſe au travers de la geule, cela marque que l'animal eſt feroce, cruel &
carnacier.

Il ſe fait encore un petit triangle, dont la
pointe eſt au coin exterieur de l'œil, d'où
la ligne ſuivant le trait de la paupiere ſupe-
rieure forme une angle avec celle qui
vient du nez, quand la pointe de cet Angle ſe rencontre vers le front, c'eſt une
marque d'eſprit, comme l'on voit aux
Elephans, aux Chamaux & aux ſinges,
& ſi cet angle tombe ſur le nez, cela marque la ſtupidité & l'imbecilité, comme
aux Anes & aux Moutons; ce qui eſt plus
ou moins ſelon que l'angle ſe rencontre,
ou plus haut ou plus bas, & l'on demontre toutes ces choſes par des exemples deſ-
ſinez ſur le naturel.

F I N.

www.ingramcontent.com/pod-product-compliance
Lightning Source LLC
Chambersburg PA
CBHW071558220526
45469CB00003B/1048